영유아 자녀와 함께 드리는 축복 기도문

영유아 자녀와 함께 드리는 축복 기도문

1판 1쇄 발행 2023년 10월 10일
1판 1쇄 인쇄 2023년 10월 10일

지은이	황성숙
펴낸이	정신일
편집	홍소희
교정	이숙자
펴낸곳	크리스천리더
일부총판	생명의 말씀사 (02) 3159-7979
등록	제 2-2727호(1999. 9.30)
주소	부천시 중동로 100 팰리스카운티 아이파크 상가 301호
전화	032) 342-1979
팩스	032) 343-3567
출간상담	E-mail:chmbit@hanmail.net
홈페이지	www.cjesus.co.kr
유튜브	크리스천리더TV

ISBN : 978-89-6594-362-4   03230

정가 : 12,000원

- 이 출판물은 저작권법에 의해 보호받는 창작물이므로, 무단 복제와 무단전재를 할 수 없습니다.

- 잘못된 책은 구입하신 곳에서 바꿔드립니다.

우리 아이를 잘 키우기 위한 48편의 축복 기도문

영유아 자녀와 함께 드리는
축복기도문

황성숙 박사

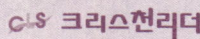

저자서문

모든 인간은 각기 다른 유전인자를 가지고 태어나고 서로 다른 환경 속, 다양한 경험을 통해 성장 발달해 갑니다. 하지만, 우리는 하나님의 창조 질서에 따라 온전하고 아름다운 인간으로 성장하여 하나님의 기쁨이 되는 거룩한 자녀로 살아가야 합니다.

특히 영유아기는 인간 발달 과정에서 볼 때, 양적, 질적으로 가장 많은 변화를 가져오는 시기입니다. 그렇기에 세상의 모든 부모들은 가장 좋은 것을 내 아이에게 제공하고자 끊임없이 고민하며 노력합니다.

하나님은 우리에게 당신의 말씀 안에서 아이를 양육할 수 있도록 '기도'라는 명약과 특권을 주셨습니다. 감사하게도 이전에 출간된 '엄마 아빠의 태교기도'와 '다독 다독 첫기도'의 많은 독자님들이 다음 연령층의 아이들을 위한 구체적인 기도문의 요구가 많았습니다. 많은 고민 끝에 기도하며 하나님께 여쭈어 보았을 때, 하나님은 세 번째 책을 출간해야 한다는 마음을 주셨습니다.

이 기도문은 영유아기 아이의 특징과 발달 과정을 인지하며, 하나님 말씀에 접목시킨 기도문으로 완성시키고자 하였습니다.

각 챕터는

1. 기도문 (아이와 함께 드릴 수 있는 가정예배용, 성경 말씀과 찬송을 제시)
2. 엄마 아빠에게 전하는 아이의 속 마음 편지
3. 성경 동화 (성경속 인물)
4. KEY POINT (개월 수 별 발달 특징)로 구성되어 있습니다.

이 기도문이 딱딱하고 지루한 틀을 벗어나서 육아 선배의 꿀팁을 전수받을 수 있는 특별나고 의미있는 기도문이 되기 원합니다. 원래 집필한 목적에 맞게, 아이의 마음을 들여다보고 아이 입장에서 생각하며 아이를 위한 말씀에 바탕한 기도문이 되도록 집필하였고, 무엇보다 엄마 아빠에게 아이의 마음을 엿볼 수 있게 집필하였음을 말씀드리고 싶습니다. 덧붙이자면 영유아 시기에 말씀에 의거한 구체적인 기도문을 갖춘 육아책은 거의 출간되지 않았습니다.

만 2세에서 6세까지의 자녀가 믿음의 사람으로 성장할 때까지 기도의 줄을 놓지 않는 부모가 되기를 진심으로 소망합니다. 아이의 영과 육이 건강하게 자라기를 소망하는 수많은 크리스천 부모님들의 마음을 시원하게 하는 기도문 책이 되길 원합니다.

이렇게 활용하세요

1. 영유아를 위한 기도문

    (아이와 함께 드릴 수 있는 가정 예배용, 성경 말씀과 찬송을 제시)

   - 먼저 하나님께 기도드릴 수 있는 나만의 조용한 공간을 정합니다.
   - 제시된 찬송가나 CCM을 부르며 마음을 열고 성령님께 의탁하며 내 자녀를 위한 기도를 준비합니다.
   - 자녀를 생각하며 기도하는 마음으로 기도문을 읽습니다.
   - _____ 친 곳은 자녀 이름을 기록합니다.
   - 기도문을 두 번 세 번 반복해서 읽으셔도 좋습니다.
   - 기도가 마무리 된 후, 가족과 자녀를 위해 더 기도합니다.

2. 엄마 아빠에게 전하는 아이의 속 마음 편지

아이 입장에서 부모의 행동이나 거절이 때로는 이해가 되지 않을 때가 많을 것입니다. 그럴때마다 아이들은 표현이나 의사가 서툴기에 떼를 쓰거나 우는 상황이 되어버립니다.
이 코너는 아이 입장에서 이런 생각과 요구를 할 수도 있겠구나 하는 마음을 아이가 엄마 아빠에게 편지를 쓰는 형식으로 구성하였습니다.
이 코너를 통해 부모님들께서 아이를 좀 더 폭넓게 이해하실 수 있지 않을까 하는 바람에서 이 코너를 쓰게 되었습니다.

3. 성경 동화(성경속 인물)

성경 동화를 아이에게 읽어 주세요. 가급적 목소리 조절도 해보시고, 효과음도 내어 보세요. 감정이입이 클수록 아이들은 더 신나할 것입니다. 잠자리 들기 전이나, 아이와 놀아줄 때, 가정 예배를 드릴 때 등등 언제 어떤 상황이든 크게 상관이 없습니다. 엄마가 자녀 이름을 부르며 들려주셨던 성경 동화는 절대 잊지 못할 추억으로 남게 될 것입니다.

4. KEY POINT(개월 수 별 발달특징)

아이의 성장 발달 특징에 있어서 중요한 부분을 정리하여 놓았으니 참고 하세요.

5. 상황별 성경 말씀

말씀은 힘과 위로가 됩니다. 당혹스러운 상황에 지치거나 힘들어하지 마시고 말씀으로 힘을 냅시다.

차례

1장 영·유아와 함께 드리는 축복 기도문(13~24개월)

1. 처음 내딛는 발걸음이 하나님께로 향하게 하소서(13개월) • 14
2. 아이의 성장 발달에 조바심 내지 않게 하소서(14개월) • 16
3. 주와 같이 서고 걷는 길, 즐거워하게 하소서(15개월) • 18
   아이가 엄마에게 엄마, 아빠! _____가 넘어져도 걱정하지 마세요
   엄마가 들려주는 성경동화 사가랴와 엘리사벳은 경건한 부모였어요

4. 숨겨진 것처럼 보이지 않는 하나님을 찾고 만나게 하소서(16개월) • 24
5. 하나님의 말씀에 순종하는 아이로 자라게 하소서(17개월) • 26
6. 달려가도 피곤하지 않게 도와주소서(18개월) • 28
   아이가 엄마에게 엄마, 아빠! 대·소변 훈련, 너무 조급해 하지 마세요
   엄마가 들려주는 성경동화 나사로가 다시 살아났어요
   KEY POINT

7. '하나님'이 가장 친숙한 단어가 되게 하소서(19개월) • 36
8. 양육자의 부재를 참고 견디는 아이가 되게 하소서(20개월) • 38
9. 하나님을 의지하고 성벽을 뛰어넘게 하소서(21개월) • 40

아이가 엄마에게 엄마, 아빠! 친구랑 비교하지 마세요
엄마가 들려주는 성경동화 니고데모는 돈독한 믿음의 사람이 되었어요

10. 남자와 여자를 창조하신 하나님을 기뻐하게 하소서(22개월) • 46
11. 중심을 보시는 하나님 앞에서 부끄럼 없이 행하게 하소서(23개월) • 48
12. 일평생 함께 하소서(24개월) • 50

아이가 엄마에게 엄마, 아빠! 화내지 마시고 예쁘게 말씀해 주세요
엄마가 들려주는 성경동화 디모데는 바울의 동역자였어요
KEY POINT

2장 영·유아와 함께 드리는 축복 기도문(25~36개월)

13. 뒤로 걷는 자신감을 주소서(25개월) • 58
14. 모든 일에 절제하게 하소서(26개월) • 60
15. 하나님 앞에서 기쁨의 춤을 추게 하소서(27개월) • 62

아이가 엄마에게 엄마, 아빠! 마음껏 하나님을 찬양하고 싶어요
엄마가 들려주는 성경동화 나아만 장군은 문둥병을 고침 받았어요

16. 배려하는 _____로 자라게 하소서(28개월) • 68
17. 지혜와 총명과 지식과 여러 가지 재주로 채워주소서(29개월) • 70
18. 구원의 통로가 되게 하소서(30개월) • 72

아이가 엄마에게 엄마, 아빠! 저는 동생을 괴롭힌 게 아니라 예뻐한 거예요
엄마가 들려주는 성경동화 홉니와 비느하스는 나쁜 짓만 골라했어요

19. 날마다 자신을 성결하게 하셔서 기이한 일들을 보게 하소서(31개월) • 78

20. _____를 살피시고 시험하사 뜻과 양심을 단련하소서(32개월) • 80

21. 죄의식, 수치가 떠나가게 하소서(33개월) • 82

아이가 엄마에게 엄마, 아빠! 작은 실수에 너무 야단치지 마세요
엄마가 들려주는 성경동화 누가는 존경받는 의사 선생님이었어요

22. 지혜로운 영을 ___에게 채우사 창의성이 발달하게 하소서(34개월) • 88

23. 교만치 않게 하소서(35개월) • 90

24. 하나님께 모든 감정을 꺼내놓게 하소서(36개월) • 92

KEY POINT
아이가 엄마에게 엄마, 아빠! 엄마, 아빠랑 많이 이야기하고 싶어요
엄마가 들려주는 성경동화 막달라 마리아의 사랑과 헌신은 배우고 싶어요

3장 영·유아와 함께 드리는 축복 기도문(37~48개월)

25. 두려움에서 건져주소서(37개월) • 100

26. 거룩한 예복을 입혀주소서(38개월) • 102

27. 두 손과 두 발로 선을 행하게 하소서(39개월) • 104

아이가 엄마에게 엄마, 아빠! 그림은 잘 못 그려도 사랑해요
엄마가 들려주는 성경동화 한나는 기도하는 일에 최선을 다했어요

28. 모든 위험에서 건져 주소서(40개월) • 110

29. 이웃을 사랑하게 하소서(41개월) • 112

30. 받은 복을 세어보며 감사의 예물 드리게 하소서(42개월) • 114
   아이가 엄마에게 엄마, 아빠! 사람들을 무서워해야 하나요?
   엄마가 들려주는 성경동화 라헬은 하나님 한 분만 섬기지 못했어요

31. 신음 소리에도 응답하여 주소서(43개월) • 120
32. 말씀을 듣고 깨닫는 자가 되게 하소서(44개월) • 122
33. 이타적인 사람이 되게 하소서(45개월) • 124
   아이가 엄마에게 엄마, 아빠! 깊은 뜻을 이해할 수 없어요
   엄마가 들려주는 성경동화 아나니아와 삽비라는 거짓말쟁이었어요

34. 참되신 하나님만 섬기게 하소서(46개월) • 130
35. 공격의 말이 아니라 위로하는 말을 하게 하소서(47개월) • 132
36. 자기조절 능력을 주소서(48개월) • 134
   아이가 엄마에게 엄마, 아빠! 거짓말을 시키지 마세요
   엄마가 들려주는 성경동화 착한 바나바는 믿음과 성령으로 충만했어요
   KEY POINT

4장 영·유아와 함께 드리는 축복 기도문(49~60개월)

37. 연약함을 도우시는 하나님을 만나게 하소서(49개월) • 144
38. 혼자 하나님 앞에 앉게 하소서(50개월) • 146
39. 지혜자의 어른이 되게 하소서(51개월) • 148
   아이가 엄마에게 엄마, 아빠! 가위질도 배우고 싶어요
   엄마가 들려주는 성경동화 오네시모는 복음으로 노예에서 해방되었어요

40. 하나님을 경외함이 무리 중에서 뛰어나게 하소서(52개월) • 154
41. 하나님이 주신 달란트를 잘 사용하게 하소서(53개월) • 156
42. 하나님을 아는 지식이 확장되게 하소서(54개월) • 158
- **아이가 엄마에게** 엄마, 아빠! 한글을 먼저 잘 배우고 싶어요
- **엄마가 들려주는 성경동화** 바디메오는 오직 믿음으로 고침 받았어요

43. 말씀대로 즐겨 순종하게 하소서(55개월) • 164
44. 모든 문제를 하나님께 가져가게 하소서(56개월) • 166
45. 교회 공동체 모임을 즐거워하게 하소서(57개월) • 168
- **아이가 엄마에게** 엄마, 아빠! 배운 대로 실천하고 싶어요
- **엄마가 들려주는 성경동화** 베드로는 3번이나 부인했어요

46. 그리스도의 장성한 분량이 충만한 데까지 이르게 하소서(58개월) • 174
47. 하나님이 귀히 쓰시는 그릇되게 하소서(59개월) • 176
48. 하나님께 묻고 대답하게 하소서(60개월) • 178
- **아이가 엄마에게** 엄마, 아빠! 제 마음을 받아주세요
- **엄마가 들려주는 성경동화** 아간은 도둑질을 했어요
- KEY POINT

[부록]

상황별 성경말씀

1장

영·유아 자녀와 함께 드리는

축복 기도문

(13~24개월)

01 영·유아와 함께 드리는 기도(13개월)

처음 내딛는 발걸음이 하나님께로 향하게 하소서

찬송가 384장 : 나의 갈 길 다 가도록   CCM : 나의 가는 길 주님 인도하시네

"그는 사람의 길을 주목하시며 사람의 모든 걸음을 감찰하시나니"(욥 34:21)

모든 사람들의 발걸음을 지켜보시는 하나님!

_____가 이제 혼자 첫걸음을 내딛게 하심을 감사드립니다.
첫걸음을 떼어 옮겼을 때, _____의 임신을 확인하던 그날처럼 우리 부부는 하나님께 감사 기도를 드렸습니다.
주님께서는 생명의 길을 우리에게 보이시고 오직 주님께만 충만한 기쁨과 즐거움이 있다고 하셨습니다.

그러나 이 세상에서 _____로 누리게 하신 이 기쁨 또한 당신께서 주신 기쁨이어서 더 감사드립니다.

_____의 평생의 인도자가 되실 하나님!
_____가 다닐 때 그 걸음이 곤고하지 않게 하시고 달려갈 때 실족하지 않게 도와주소서. _____의 첫걸음 이후의 모든 걸음들의 방향이 하나님께로만 향하길 소망합니다.

_____가 마음으로 모든 길을 계획할지라도 그 걸음을 인도하시는 분은 오직 하나님밖에 없다는 사실 앞에서 늘 겸손한 믿음으로 하나님만 바라보게 도와주소서. _____의 부모인 우리도 _____의 길을 알 수 없습니다.

모든 걸음은 하나님께로 말미암는다는 사실을 잊지 않고 하나님만 바라보고 의지하며 살아가는 _____가 되도록 도와주소서.

예수님의 이름으로 기도합니다. 아멘.

02 영·유아와 함께 드리는 기도(14개월)

아이의 성장 발달에 조바심 내지 않게 하소서

찬송가 365장 : 마음속에 근심 있는 사람   CCM : 요게벳의 노래

"의인은 종려나무 같이 번성하며 레바논의 백향목 같이 성장하리로다"(시 92:12)

_____의 걸음을 가르치시고 팔로 안으신 하나님!

_____가 아장아장 걷는 모습과 혼자 일어서려고 애쓰는 모습을 보며 출산의 통증도 잊게 하시니 감사합니다.

이웃집 아이가 _____보다 더 잘 걷고 더 잘 먹고 더 잘 자라는 것처럼 보일 때, 우리에게 불안한 마음이 들기도 합니다. _____를 다른 아이와 비교하며 예민해진 우리를 용서하여 주소서.

하나님의 창조 사역에도 순서가 있듯이 아이의 성장발달에도 일정한 순서가 있다고 합니다. 발달은 일정한 방향으로 진행되고 발달의 속도는 일정하지 않으며 개인차가 있고 상호 관련성이 있음을 알고 있습니다.

인지하고 있으면서도 다른 아이들과 비교하고 조바심 내는 우리 부부의 죄로 인해, 오늘도 일용할 양식으로 채워주시는 하나님의 은혜를 잊거나 불평하지 않게 도와주소서.

이스라엘 백성들이 모세와 아론을 질투하매, 땅이 갈라져 다단을 삼키며 아비람의 당을 덮고 불이 그들의 무리를 불사르고 악인들을 삼켜버린 말씀을 기억하게 하소서.

하나님께서 _____에게 행하신 모든 일들을 잊지 않게 하시고 하나님은 언제나 선하신 분이심을 찬양하게 하소서.

예수님의 이름으로 기도합니다. 아멘.

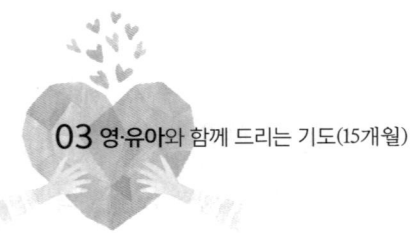

03 영·유아와 함께 드리는 기도(15개월)

주와 같이 서고 걷는 길, 즐거워하게 하소서

찬송가 430장: 주와 같이 길 가는 것   CCM : 모든 걸음 되시네

"에녹이 하나님과 동행하더니"(창 48:15)

_____에게 걷고 일어설 수 있는 힘을 주신 하나님!

혼자서도 넘어지지 않고 일어서고 걸을 수 있게 _____의 두 다리에 힘을 주심을 감사드립니다.
아무리 _____를 사랑한다 할지라도 부모인 우리는 _____를 걷게 할 수도 서게 할 수도 없는 미약한 존재입니다.

그러나 _____를 이 땅에 보내주신 하나님께서 _____의 성장 과정을 지켜보시고 필요한 다리 근육의 힘을 주시고 걷고 일어설 수 있는 용기 주심을 감사드립니다.

에녹이 한평생 하나님과 동행하며 하나님만 섬긴 것처럼, _____의 평생에 하나님이 동행하여 주소서. 간혹 넘어지고 쓰러지더라도 하나님의 크신 사랑과 능력으로 _____를 일으켜 세워주시고 용기를 주소서.

_____이 평생에 하나님을 경외하되 막연한 두려움만 가질 것이 아니라 두려움과 경외 사이의 균형감을 가지고 하나님을 믿고 의지하고 사랑할 수 있도록 도와주소서.

예수님의 이름으로 기도합니다. 아멘.

아이가 엄마에게...

엄마 아빠에게 전하는 아이의 속마음 편지

엄마, 아빠! _____가 넘어져도 걱정하지 마세요

사랑하는 엄마, 아빠!

태어나서 기어다니던 제가, 걸을 때마다 반짝거리면서 쨱쨱 소리나는 돌쟁이 신발을 신고 조금씩 걷게 됐어요. 신발 신고 걷는 제 모습을 보시며 기뻐하시니 저도 행복했어요.

저는 이제 겨우 태어난 지 1년 지난 아가랍니다. 제가 넘어질까 걱정하시고 또 넘어지면 온 세상이 무너진 듯 놀라시는 엄마, 아빠를 보면 저도 제 걸음걸이가 불안하게 느껴져요.

자꾸 넘어질까 두렵기도 하고 엄마, 아빠가 소리치며 놀래실까봐 불안해서 마음껏 걷기가 힘들어져요. 하지만 너무 걱정하지 마세요. 조금씩 천천히 세상을 향해 걸어가도록 할게요. 그리고 이 세상도, 하나님도, 조금씩 배워갈게요.

우리 집도 아직 낯설고 어색한데 집 밖 세상은 온통 궁금한 것 투성이네요. 이 넓은 세상이 너무 궁금하고 알고 싶어서 저도 모르게 빨리 걷게 돼요. 저기 있는 예쁜 꽃들도 만지고 싶구요. 옆에 있는 친구의 동그란 두 눈도 가까이서 보고 싶어요. 제가 얼마나 예쁘고 튼튼하게 자랄지 꼭 지켜봐 주세요.

하나님께서 지으신 아름다운 세상에서 엄마, 아빠랑 행복하게 살고 싶어요. 사랑해요! 엄마, 아빠!

엄마가 들려주는 성경 동화

사가랴와 엘리사벳은 경건한 부모였어요

사랑하는 _____야!
회개의 세례를 베풀어서 '세례요한'이라고 불리게 된 세례요한의 부모님 성함은 '사가랴와 엘리사벳'이란다.

세례요한의 아버지 '사가랴' 제사장과 그의 아내 엘리사벳은 아주 경건한 삶을 살고 계셨어. 그런데 그 부부에게는 자녀가 없었고 이미 자녀를 가질 수 있는 나이도 넘어서고 말았어. 어느 날, 사가랴가 제사장의 직무를 수행하고 있는데, 하나님이 보내신 천사 가브리엘이 나타났어. 순간 사가랴는 두려움에 사로잡히고 말았어. 그때 천사가 사가랴에게 말했단다.

"사가랴야! 무서워하지 말아라. 하나님께서 너의 기도를 들으셨다. 네 아내 엘리사벳이 아들을 낳을 것이니 이름은 요한이라고 해라. 너희 부부뿐만 아니라 많은 사람들이 요한의 출생을 기뻐할 것이다. 모태로부터 성령 충만함을 받은 요한을 통해 많은 사람들이 하나님을 믿게 되는 역사가 일어날 것이다."

그런데 사가랴는 하나님의 약속을 받아들이지 못한 불신 때문에 말을 못하는 벙어리가 되고 말았단다. 하지만 엘리사벳은 예언대로 임신을 하게 되었고 하나님께서 사람들 앞에서 자식을 낳지 못하는 부끄러움을 씻어주셨다고 고백했단다.

아이가 태어나고 8일째 되는 날 할례를 행하고, 천사의 명령을 따라 이름을 요한이라고 짓고 나서 말을 할 수 있게 되었고, 하나님을 찬양하는 노래를 지어 불렀단다.

복된 아가 _____야!
모든 일의 배후에는 하나님께서 친히 일하고 계심을 잊지 말고 하나님의 선한 도구가 되어 쓰임 받을 수 있도록 기도로 준비하자.

04 영·유아와 함께 드리는 기도(16개월)

숨겨진 것처럼 보이지 않는 하나님을 찾고 만나게 하소서

찬송가 524장: 갈 길을 밝히 보이시니   CCM : 하나님의 열심

"하나님의 묵시를 밝히 아는 스가랴가 사는 날에 하나님을 찾았고 그가 여호와를 찾을 동안에는 하나님이 형통하게 하셨더라"(대하 26:5)

찾고 구하는 자에게 형통의 복을 주시는 하나님!

_____가 뒤로 걸을 수 있을 정도로 걷기에 능숙해지고, 키와 체중이 잘 자라가게 하심을 감사합니다.
이젠 도움을 받으면 계단을 오르고 내릴 수 있고, 다양한 장소에서 숨겨진 물건을 찾아낼 수 있을 만큼 성장한 모습을 보니 충만한 감

사가 우리 부부의 삶에 넘쳐나게 됩니다.

고난 중에 하나님을 찾을 때, 숨겨진 것처럼 보이지 않는 하나님을 소망하고 신뢰하는 큰 믿음을 주소서.

하나님이 채워주시고 공급해 주신 것에만 감사드릴 것이 아니라, 불가능해 보이는 상황 속에서도 하나님의 공급하실 것을 믿는 믿음을 우리 부부와 _____에게 부어 주소서.

_____의 평생에 하나님을 끊임없이 찾고 부르게 하시고, _____를 사랑하시는 하나님께서 _____의 걸음마다 변함없이 늘 함께 하심을 목도하는 삶이 되게 하소서.

예수님의 이름으로 기도합니다. 아멘.

05 영·유아와 함께 드리는 기도 (17개월)

하나님의 말씀에 순종하는
아이로 자라게 하소서

찬송가 449장: 예수 따라가며   CCM : 하루의 은혜

"너희가 즐겨 순종하면 땅의 아름다운 소산을 먹을 것이요"(사 1:19)

_____의 작은 입으로 말할 수 있는 능력을 주신 하나님!

_____의 어휘력이 꾸준히 향상되고 친숙한 어른, 형제, 또래와의 놀이에 참여하게 해 주셔서 감사합니다. 이젠 사람이나 물건 등의 회상 기억으로 _____와 대화를 주고받을 수 있어서 감사합니다.

간단한 지시사항에 따라 움직이는 모습을 보며, _____가 부모의 말에 순종할 뿐 아니라, 하나님의 모든 말씀에 민감하게 반응하고 순종하는 _____로 자라게 하소서.

하나님의 말씀을 매일 묵상하고 충분히 흡수하여
자기중심적인 생각을 버리고 하나님의 마음으로 _____의 심장이 뜨거워지게 하소서.

하나님께서 _____와 함께 하시고 도와주시고 구원하여 주신 것처럼, _____도 아프고 힘든 사람들의 감정을 읽고 도와주는 이타적인 사랑의 _____이로 자라게 하소서.

예수님의 이름으로 기도합니다. 아멘.

06 영·유아와 함께 드리는 기도(18개월)

달려가도 피곤하지 않게 도와주소서

찬송가 354장: 주를 앙모하는 자   CCM : 새 힘을 얻으리니

"너는 알지 못하였느냐 듣지 못하였느냐 영원하신 하나님 여호와, 땅 끝까지 창조하신 이는 피곤하지 않으시며 곤비하지 않으시며 명철이 한이 없으시며"(사 40:28)

_____에게 협응 능력을 주셔서 작은 물건도 잘 다룰 수 있도록 도와주신 하나님!

하루가 다르게 매일 성장하는 _____의 모습을 보게 하시니 감사합니다. _____의 걸음걸이 균형이 잡혀서 뒤뚱거리지 않고도 잘 걷게 하셔서 감사합니다.
예수님처럼 몸과 마음이 성장하게 하시고, 그림이 실물을 상징할 수 있음을 인지하게 하시니 감사합니다.

배변 훈련을 시작해도 늦지 않은 시기라고 하지만, 이웃 아이들의 배변 훈련이 끝났다는 이야기를 들으면 마음에 조바심이 몰려오고 두렵기도 합니다.

혹시 훈련이 너무 늦어질까 걱정이 되고 배변 훈련을 통하여 의 나쁜 습관이 고착되지는 않을지 염려가 몰려옵니다.

모든 때와 계절을 주관하시고 필요한 지혜와 지식을 가장 적합한 시기에 주시는 하나님의 절대주권을 인정하고 항복하는 부모가 되게 하소서.

하나님의 위대한 일들은 기도로부터 시작되고 기도에 의해 형성됨을 잊지 않는 부모가 되길 소망하며, 기도의 무릎을 더 강하게 세우는 자 되게 하소서. 하나님의 전능하심과 선하심 앞에 까불지 않고 잠잠히 당신의 때를 기다릴 수 있는 부모로 서게 하소서.

예수님의 이름으로 기도합니다. 아멘.

아이가 엄마에게...

엄마 아빠에게 전하는 아이의 속마음 편지

엄마, 아빠! 대·소변 훈련, 너무 조급해 하지 마세요

사랑하는 엄마, 아빠!
문화센터에서 만나는 옆집 친구가 배변 훈련에 성공했다구요?
그 얘기를 들은 날 저녁부터 엄마는 제게 "응아 하고 싶으면 엄마한테 말해? 알았지? 꼭 말해야 해." 라고 몇 번이나 말씀하셨어요.

그 다음 날, 우리 집으로 휴대용 아기 변기랑 가정에서 사용하는 아기 변기가 택배로 왔어요. 엄마, 아빠는 왜 그렇게 성급하신지, 제 마음은 몰라주시고 벌써 제가 배변 훈련이 다 된 것처럼 말씀하시네요.

엄마는 하루종일 저를 따라다니면서,
하시는 말씀이 "_____야! 응아 할래? 저기 변기에 앉아서 하자."
이 말씀 외에 별로 하시는 말씀이 없으셨어요.

섭섭해요. 함께 장난감 놀이를 하다가도 '응아 이야기'만 하시네요. 저는 장난감에 집중하다가도 엄마가 '응아'라고 말씀하시면 저도 모르게 화가 나더라구요.

퇴근해서 오신 아빠도 저는 본체만체하시고, 주방에서 식사 준비하시는 엄마에게 성큼 걸어가셔서 하시는 말씀이 "_____이 오늘 변기에 앉아서 응아했어?" 라고 하시네요.

언젠가 저도 변기에 앉아서 응아를 할 거예요. 천천히 제가 할 수 있을 때까지 기다려 주세요. 천천히 조금씩 자라고 싶어요.

엄마가 들려주는 성경 동화

나사로가 다시 살아났어요

사랑하는 _____야!

베다니라는 예쁜 마을에 나사로와 2명의 여동생 마르다와 마리아, 3남매가 살았단다. 예수님은 3남매를 사랑하셔서 그 집에 자주 찾아가시고 쉬시기도 하시며 그들과 교제를 나누셨단다.

두 자매는 예수님께 사환을 보내어 나사로가 병든 소식을 전하게 하고, 예수님께서 서둘러 오셔서 고쳐주시리라 믿으며 기다렸단다. 하지만 병이 든 나사로의 소식을 들으신 예수님은 "이 병은 죽을병이 아니라."라고 말씀하시고, 오히려 "하나님의 영광을 위함이요."라고 하셨단다.

그리고는 곧바로 베다니로 가시지 않고 계시던 곳에서 이틀을 더 머무셨어. 후에 예수님이 나사로를 찾아 가셨을 때는 나사로가 죽은지 나흘이나 되었단다.

예수님은 나사로 무덤 앞에서 마리아를 비롯하여 많은 사람들이 우는 것을 보고 눈물을 흘리셨어. 이유는 그들이 예수님을 제대로 믿지 않는 것과 예수님께서 부활을 가능케 하시는 능력을 가지신 하나님의 아들이심을 알지 못한 것에 대한 안타까움 때문이었단다.

예수님은 하나님께 기도드린 후 "나사로야 나오너라."
큰소리로 나사로를 불렀단다. 정말 놀라운 일이 일어났어.
바로 그때 죽은 나사로가 얼굴을 수건에 싼 채로 수족을 베로 동인 채로 나왔어. 죽은 나사로가 살아났단다.

복된 _____야!
_____는 예수님이 참 생명을 주시는 자임을 믿어야 한단다. 예수님을 믿는 자는 생명을 얻고 죽어도 부활하게 되고 영생하게 되는 복이 있단다.

 **KEY POINT**

1. 발달에는 몇 가지 원칙(일정한 순서가 있다, 일정한 방향으로 진행된다, 발달의 속도는 일정하지 않다, 개인차가 있다, 상호 관련성이 있다)이 있어요. 아이의 성장 발달에 너무 조바심 내어서는 안되고, 다른 아이들과 비교해서도 안돼요.

2. 혼자 걸을 수 있게 돼요.(13개월)

3. 혼자 일어설 수 있어요.(13~14개월)

4. 거의 넘어지지 않고 혼자 서고 걸을 수 있어요.(15개월)

5. 뒤로 걸을 수 있을 정도로 걷기에 능숙해져요. 그러나 모서리를 따라 걷거나 갑자기 정지하는 것은 어려워해요.(16~17개월)

6. 키와 체중이 급격히 증가해요.(13~18개월)

7. 도움을 받으면 계단을 오르고 내릴 수 있어요.(13~18개월)

8. 다양한 장소에서 숨겨진 물건을 찾아낼 수 있어요.(13~18개월)

9. 의자 위로 기어오르려고 해요.(13~18개월)

10. 질질 끌고 다니기, 뒤집이 비우기, 끌어당기기, 쌓기, 부수기를 좋아해요.(13~18개월)

11. 어휘력이 꾸준히 향상 되고, 약 50 단어를 이해해요.(13~18개월)

12. 친숙한 성인, 형제, 또래와의 놀이에 참여해요.(13~18개월)

13. 사람, 물건, 장소, 행동에 대한 회상 기억이 향상돼요.(13~18개월)

14. 사물을 범주에 따라 분류할 수 있어요.(13~18개월)

15. 타인의 정서적 반응이 자신과 다를 수 있다는 사실을 인지하기 시작해요.(13~18개월)

16. 간단한 지시사항에 따라 움직일 수 있어요.(13~18개월)

17. 감정이입이 되어 다른 사람의 감정을 따라 가요. 엄마나 또래가 울 땐 같이 울어요.(13~18개월)

18. 공을 던질 수 있어요.(18개월)

19. 계단 난간을 잡고 계단을 오를 수 있어요.(18개월)

20. 협응 능력이 향상되어 작은 물건도 잘 다룰 수 있어요.(13~18개월)

21. 걸음걸이의 균형이 잡혀요.(13~18개월)

22. 몸이 호리호리해져요.(13~18개월)

23. 그림이 실물을 상징할 수 있음을 인지하기 시작해요.(13~18개월)

24. 배변 훈련을 시작해도 늦지 않아요.(18개월)

25. 달리기에는 능숙하지 않아요(18개월)

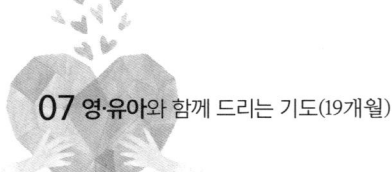

07 영·유아와 함께 드리는 기도(19개월)

'하나님'이 가장 친숙한 단어가 되게 하소서

찬송가 566장: 사랑의 하나님 귀하신 이름은   CCM : 하나님의 사랑이

"그 때에 예수께서 대답하여 이르시되 천지의 주재이신 아버지여 이것을 지혜롭고 슬기 있는 자들에게는 숨기시고 어린 아이들에게는 나타내심을 감사하나이다"(마 11:25)

점프하고 달리고 기어오를 수 있는 힘을 주신 하나님!

_____ 몰래 숨겨놓은 물건을 찾아내는 지혜를 주셔서 감사합니다.

일상에서 경험하는 행동을 응용하여 가상놀이에 참여할 수 있음도 감사드립니다. 이전보다 더 효율적으로 사물을 범주별로 분류할 수 있게 하심을 보며 하나님께 깊은 찬양과 감사를 드립니다.

_____는 이제 제법 많은 단어들을 말로 정확하게 표현할 수 있습니다. 바라옵기는 _____에게 '하나님'이 가장 친숙하고 가장 좋아하고 가장 즐겨 부르는 성호가 되게 도와주소서.

_____의 작은 입으로 '하나님'을 가장 정확한 발음으로 표현하던 며칠 전, 우리 부부는 또 한 번 기쁨의 눈물을 흘렸답니다. _____의 영혼에 살아계셔서 역사하시는 하나님을 뵈온 듯한 감동과 은혜의 시간이었습니다.

_____는 힘든 시간에 하나님 이름을 부르짖고, 기쁨의 시간에 하나님을 찬양하고, 가난한 이웃들을 만날 때 하나님의 이름으로 그들에게 따뜻한 말 한마디 건네줄 줄 아는 아버지 사랑으로 충만한 ___로 자라게 하소서.

예수님의 이름으로 기도합니다. 아멘.

08 영·유아와 함께 드리는 기도(20개월)

양육자의 부재를 참고 견디는 아이가 되게 하소서

찬송가 337장: 내 모든 시험 무거운 짐을 CCM : 주님의 시선

"네가 고난 중에 부르짖으매 내가 너를 건졌고 우렛소리의 은밀한 곳에서 네게 응답하며 므리바 물가에서 너를 시험하였도다"(시 81:7)

두 단어를 조합하여 말할 수 있게 하신 하나님!

_____의 어휘력이 날마다 향상되게 하시고 _____의 고운 목소리를 듣게 하시니 감사합니다.
감정과 감정을 표현할 때 언어로 표현하게 하셔서 _____와 언어로 소통하게 하셔서 감사합니다.
_____는 이제 양육자의 부재를 참고 견딜 수 있게 되었습니다.
_____에게 참고 견디는 힘을 주셔서 감사합니다.

_____ 평생에 어떤 일을 만나든지 하나님께 부르짖으며 하나님의 응답을 기다리며 기도하는 _____로 자라게 하소서.

하나님의 부재처럼 느껴지는 순간에도, 하나님은 약속을 지키시는 신실한 하나님이시며, 무소부재하신 하나님, 전능하신 하나님, 사랑의 하나님이심을 체험하고 고백하는 삶을 살아가게 하소서.

하나님의 능력에 의해 보호하시는 능력을 굳게 의지하고, 보호하심을 받게 되며, 예비하신 기업을 얻게 되는 복된 자녀임을 잊지 않는 믿음을 주소서.

예수님의 이름으로 기도합니다. 아멘.

09 영·유아와 함께 드리는 기도(21개월)

하나님을 의지하고 성벽을 뛰어넘게 하소서

찬송가 423장: 먹보다도 더 검은   CCM : 삭개오의 노래

"내가 주를 의뢰하고 적진으로 달리며 내 하나님을 의지하고 성벽을 뛰어넘나이다"(삼하 22:30)

두발 모아 뛰기를 할 수 있도록 _____의 다리를 튼튼하게 하신 하나님!

_____가 두 발을 모아 껑충껑충 뛰는 모습과 난간을 잡고 계단을 오르내리는 모습을 보며 하나님께 감사를 드리지 않을 수 없습니다. 정말 감사합니다.

우리 눈엔 약하게만 보이고 작게만 보이는 _____지만, 조금씩 성장해나가는 모습을 볼 때마다 감사할 뿐입니다.

주님만 의뢰하고 적진으로 달리며 하나님만 의지하고 성벽을 뛰어넘던 다윗처럼, 어떤 상황에서도 주저앉거나 포기하지 않게 도와주소서.

상처받은 자리, 아픔으로 고통 받던 자리가 하나님을 볼 수 있는 가느다란 틈이 되게 하소서. 전능하신 하나님의 손 안에 _____의 평생을 맡겨드립니다.

_____는 매 순간순간 하나님의 선하심을 묵상하고 하나님을 기쁘시게 하는 하나님 중심의 삶, 하나님바라기의 삶을 살게 인도하여 주소서.

예수님의 이름으로 기도합니다. 아멘.

아이가 엄마에게...

엄마 아빠에게 전하는 아이의 속마음 편지

엄마, 아빠! 친구랑 비교하지 마세요

엄마 친구들 모임을 따라갔어요. 아줌마들이 자기 아이 자랑에 열을 올리고 계시더라구요. ○○는 두 단어로 말한다느니, 두 발 모아 껑충 뛸 수 있다느니, 의자 위로 기어 올라갈 수 있다느니, 자랑 삼매경에 빠지셨더라구요.

아직 두 단어로 말도 못하고 두 발 모아 껑충 뛰지도 못하고, 의자 위로 기어 올라가지도 못하는 나의 엄마는 아무 말씀도 못하시고 슬픈 표정으로 앉아 계셨어요.
온 힘을 다해 엄마를 기쁘게 해드리려고 마침 옆 테이블이 비었길래, 4개 의자 중에서 가장 가까이에 있는 의자 위로 기어 올라갔어요. 아무도 저를 신경 쓰지 않았어요.

저를 낳아주신 제 엄마도 저를 보고 계시지 않았어요. 슬펐어요. 죽을힘을 다해 기어 올라가고 다시 내려와서 껑충 뛰어보기도 하고 "엄마, 까꿍!"이라고 소리쳐 보았지만 내게 신경 쓰지 않았어요.

아주 중요한 순간을 놓친 엄마는 제가 아무것도 못하는 바보라고 생각하시는지, 집에 도착해서도 아주 무표정한 얼굴로 저를 지켜보고 계셨어요.

한 번 더 의자 위로 올라가고 껑충 뛰면서 엄마에게 뽐내고 싶었지만 쉽지 않았어요. 이제 너무 무리하지 않을래요. 제가 좋아하는 장난감 가지고 매일 매일 즐겁게 놀래요. 그렇게 놀다 보면 어느 날, 성장한 제 모습을 보실 수 있게 되고 엄마 아빠는 기뻐하시겠죠? 엄마, 아빠! 힘내세요!

엄마가 들려주는 성경 동화

니고데모는 돈독한 믿음의 사람이 되었어요

사랑하는 _____야!

니고데모는 유대인의 최고 통치 기구인 산헤드린 공회의 일원이었단다. 니고데모가 한밤중에 예수님을 만나려고 찾아왔어. 환한 대낮에 예수님을 방문하는 것을 부끄럽게 생각했거나 혹은 사람들을 두려워했기 때문인 것 같아.

예수님은 니고데모에게 "반드시 거듭나야 한다."는 진리를 말씀하셨어. 니고데모가 믿지 못하는 태도를 보였을 때, 예수님께서 니고데모를 질책하셨단다. 예수님은 거듭남이 무엇인지에 대해 친절하게 설명해 주셨단다.

유대인들은 아브라함의 자손이기만 하면 누구나 하나님 나라를 볼 수 있다고 믿었고, 아브라함의 자손이 아닌 사마리아 사람들이나 이방인들은 절대로 구원받지 못한다고 믿고 있었단다.

이것이 바로 니고데모가 가지고 있었던 구원관이었어. 그런 니고데모에게 예수님은 '혈통으로나, 육정으로 혹은 사람의 뜻으로'가 아니라 '위로부터 다시 태어나야 된다.'라고 강조하고 또 강조하셨어.

그 후, 예수님이 십자가에 달려 돌아가신 뒤에 아리마대 사람 요셉이 장사하려고 할 때 니고데모도 몰약과 침향 섞을 것을 가져왔단다. 처음엔 진리를 배우려고 접근했지만 결국은 돈독한 믿음의 사람이 되었어.

복된 _____야!
하나님을 믿기만 하면 누구나 구원을 받고 하나님의 자녀가 된단다. 정말 감사하고 기쁜 소식이지?

10 영·유아와 함께 드리는 기도(22개월)

남자와 여자를 창조하신 하나님을 기뻐하게 하소서

찬송가 64장: 기뻐하며 경배하세   CCM : 주의 사랑을 입어

"하나님이 자기 형상 곧 하나님의 형상대로 사람을 창조하시되 남자와 여자를 창조하시고"(창 1:27)

스스로 옷을 벗을 수 있도록 도와주시는 하나님!

_____가 스스로 옷을 벗을 줄 알게 되고 스스로도 자랑스러워하는 모습을 보니 하나님의 보살핌이 느껴져서 또다시 깊은 감사를 드립니다.

남자와 여자를 창조하신 하나님께서 우리 _____를 (남자, 여자)로 태어나게 하시고, 가르쳐 주지 않아도 성 정형화된 장난감을 선호한다는 사실이 얼마나 놀랍고 신기한지요?

혼탁한 성문화로 인해 성정체성 혼란에 빠지는 일이 없도록 도와주소서.

_____는 하나님께서 창조하신 창조질서를 따라 감사하며 살아가는 하나님의 자녀가 되게 도와주소서.

세상의 악습이나 불법이 당연시 되는 문화 속에서도 정의의 사도가 되어 세상을 환히 비출 수 있는 하나님의 자녀로 살아갈 용기와 힘을 주소서.

어떤 순간에도 하나님의 마음으로 세상을 볼 줄 아는 _____로 자라게 도와주소서. 깊이 볼 줄 알아 감사할 줄 알게 하시고, 기쁨은 하나님의 일이라는 것을 깨닫게 하소서.

예수님의 이름으로 기도합니다. 아멘.

11 영·유아와 함께 드리는 기도(23개월)

중심을 보시는
하나님 앞에서 부끄럼 없이 행하게 하소서

찬송가 10장: 전능왕 오셔서　CCM : WAY MAKER

"여호와께서 사무엘에게 이르시되 그의 용모와 키를 보지 말라 내가 이미 그를 버렸노라 내가 보는 것은 사람과 같지 아니하니 사람은 외모를 보거니와 나 여호와는 중심을 보느니라 하시더라"(삼상 16:7)

_____의 몸의 균형을 잡게 하신 하나님!

_____가 몸의 균형 감각을 키워주시고 공을 앞으로 던질 수 있는 힘을 주셔서 감사합니다.

우리의 마음이 성전이라는 사실을 잊지 않게 하소서. 자기 욕망과 자기 이기심으로 뒤덮여 있는 마음을 하나님 앞에서 내려놓게 하시고 온전히 빈 마음으로 하나님 앞에 서게 하소서.

하나님은 중심이 진실한 자를 기뻐하시고 지혜를 은밀하게 가르치시는 분이심을 잊지 않고 간절히 하나님을 구하게 하소서.

또한 중심에 악을 행하는 자를 멀리하시는 분이심을 기억하게 하셔서 늘 하나님 앞에서 정직하고 진실한 자로 살아가게 하시고, 상한 심령을 위로하시는 하나님이심을 잊지 않고 하나님만 찾게 하소서.

하나님은 우리 마음의 생각까지도 아시는 분이심을 깨닫고 좌로나 우로나 치우치지 말고 악에서 떠나게 하소서. 날마다 마음을 낮춰 하나님께 엎드리는 _____가 되게 하소서.

예수님의 이름으로 기도합니다. 아멘.

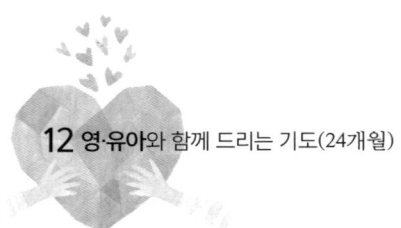

12 영·유아와 함께 드리는 기도(24개월)

일평생 함께 하소서

찬송가 292장: 주 없이 살 수 없네   CCM : 아무것도 두려워말라

"나를 보내신 이가 나와 함께 하시도다 나는 항상 그가 기뻐하시는 일을 행하므로 나를 혼자 두지 아니하셨느니라"(요 8:29)

난간을 잡지 않고도 혼자 올라갈 수 있게 길러주신 하나님!

_____ 혼자 할 수 있는 일들이 점점 많아지는 만큼 우리 부부의 기쁨도 점점 풍성하게 하시니 감사합니다.

_____가 스스로 독립적으로 행해야 하는 일들이 많아지면서 부모의 도움의 손길도 점점 줄어들게 됩니다.

인간인 우리는 _____가 가는 곳마다 따라다닐 수 없지만 _____를 사랑하시는 하나님은, 변치 않는 사랑으로 _____를 보살펴 주시고 동행하실 것을 믿습니다.

_____는 하나님 없이는 살 수 없다는 진리의 말씀을 일찍 깨닫게 하시고 살아계신 하나님을 인격적으로 만나는 시간을 사모하게 도와주소서. _____가 항상 하나님께서 기뻐하시는 일을 행하게 하셔서 하나님께서 함께하심을 늘 감사하게 하소서.

_____ 평생에 하나님의 말씀과 하나님의 영이 늘 함께하셔서 두려움 없는 참된 평안 누리는 삶이 되게 하소서.

예수님의 이름으로 기도합니다. 아멘.

엄마 아빠에게 전하는 아이의 속마음 편지

엄마, 아빠! 화내지 마시고 예쁘게 말씀해 주세요

오늘은 엄마, 아빠랑 놀이공원 가기로 약속한 날이에요. 베란다로 보이는 하늘은 정말 파랗고 높았어요.
늘 베란다 창문으로만 저 하늘을 바라보았는데 오늘은 제가 정말 사랑하는 엄마, 아빠랑 놀이공원에서 재밌게 놀면서 하늘을 쳐다볼 수 있으니 얼마나 좋을까요?

너무 신나서 몸과 마음이 제멋대로 되지 않았어요. 자꾸 까불게 되더라구요. "야호, 야호" 소리치면서 거실과 주방, 집 안을 뛰어다닐 정도로 흥분했어요. 제 옷을 입혀주시던 아빠가 소리쳤어요.

"_____야! 제발 가만히 앉아있어. 그렇게 몸부림치면 옷을 어떻게 입힐 수 있겠니?"

순간 몸이 얼음처럼 굳어버렸어요. 아빠가 소리치는 모습을 처음 보았거든요. 무서웠어요. 그리고 눈물이 났어요.

저보고는 예쁘게 천천히 말하라고 하면서, 아빠는 왜 큰소리로 소리치며 화를 내시는 걸까요?

갑자기 소변이 마려웠어요. 이젠 저도 옷을 혼자 벗는 것쯤은 자신 있게 할 수 있어요. 아빠가 안방으로 간 사이에 바지를 벗어던지고 화장실로 달려갔어요. 시원하게 소변을 보고 나왔더니 이번엔 엄마가 고함을 지르시네요.

"_____야! 지금 나가야 되는데 왜 옷을 벗고 돌아다녀? 말 안 들을래? 너 자꾸 이러면 안 데리고 갈거야!"

저는 이제 말이 안 통하는 엄마, 아빠에겐 입을 닫아야겠어요. 말과 행동이 다른 엄마, 아빠랑 말 섞기 싫어요. 제 마음도 몰라주는 엄마, 아빠한테 실망했어요.

엄마가 들려주는 성경 동화

디모데는 바울의 동역자였어요

사랑하는 _____야!

"하나님을 공경하는 자"라는 뜻의 이름을 가진 디모데는, 바울이 가장 아끼던 동역자 가운데 한 사람이었어.
그는 헬라인 아버지와 유대인 어머니 사이에서 태어나서 어릴 때부터 경건한 분위기에서 성장하였단다.

아버지가 헬라인이었으므로 헬라적인 영향을 받아 다신사상에 빠져들 수도 있었으나 신실한 외할머니 로이스와 어머니 유니게로부터 성경을 배우며 하나님 중심으로 신앙생활을 해 온 디모데는 오직 하나님만 믿고 섬기는 멋진 청년으로 성장했단다.

평온한 가운데 기독교 교육을 받던 디모데가 사도 바울과의 만남을 통해 변화의 계기를 맞게 된 것은 바울이 루스드라에서 복음을 전했을 때였어.

바울은 그를 제 2차 선교여행에 합류시켰어.
디모데는 바울과 자라온 환경도 달랐고 성품과 인격도 달랐지만, 성령 안에서 하나가 되어 서로의 부족함을 덮어주는 동역자가 되었단다.

복된 _____야! 네게도 하나님 나라를 위해 함께 섬길 수 있는 디모데와 바울과 같은 신실한 동역자를 붙여주실 거야.

 **KEY POINT**

1. 점프하고 달리고 기어오를 수 있어요.(19~24개월)
2. 몰래 숨겨놓은 물건을 찾아낼 수 있어요.(19~24개월)
3. 일상에서 경험하는 행동을 응용하여 가상 놀이에 참여할 수 있어요. (19~24개월)
4. 이전보다 더 효율적으로 사물을 범주별로 분류할 수 있어요.(19~24개월)
5. 약 200단어를 말로 표현할 수 있어요.(19~24개월)
6. 친숙한 단어를 정확한 발음으로 표현할 수 있어요.(19~24개월)
7. 두 단어를 조합하여 말할 수 있어요.(19~24개월)
8. 어휘력이 꾸준히 향상돼요.(19~24개월)
9. 감정을 표현하는 어휘를 습득하고 표현해요.(19~24개월)
10. 양육자의 부재를 참고 견딜 수 있어요.(19~24개월)
11. 성 정형화된 장난감을 선호해요.(남아는 자동차나 로봇 등, 여아는 인형이나 소꿉놀이).(19~24개월)
12. 스스로 옷을 벗을 수 있지만, 옷을 입을 때는 누군가의 도움이 필요해요.(19~24개월)
13. 두 발을 모은 채로 껑충 뛸 수 있어요.(19~24개월)
14. 두발 모아 뛰기를 할 수 있어요.(20개월)
15. 난간을 잡고 계단을 오르내릴 수 있어요.(21개월)
16. 몸의 균형을 잡고 공을 앞으로 던질 수 있어요.(24개월)
17. 난간 없는 계단도 혼자 올라갈 수 있어요.(24개월)

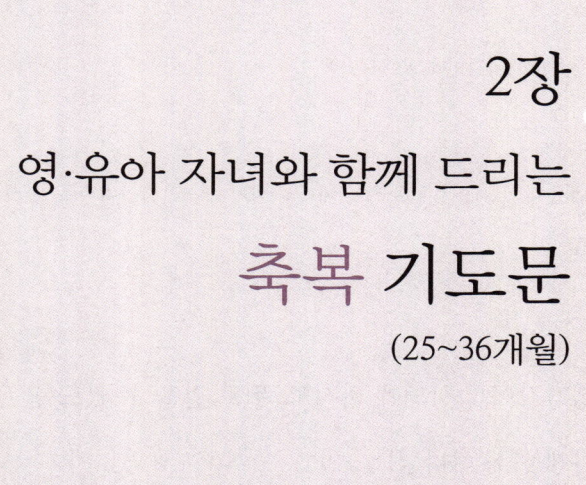

2장
영·유아 자녀와 함께 드리는
축복 기도문
(25~36개월)

13 영·유아와 함께 드리는 기도(25개월)

뒤로 걷는 자신감을 주소서

찬송가 135장: 어저께나 오늘이나   CCM : 은혜

"주 여호와께서 나의 귀를 여셨으므로 내가 거역하지도 아니하며 뒤로 물러가지도 아니하며"(사 50:5)

몸의 균형감각이 향상되게 하시고, 뒤로 걸을 수 있도록 _____의 몸을 강하게 하신 하나님!

여전히 살아계셔서 _____를 지켜주시고 보호해 주셔서 감사합니다. 몸의 균형감각이 향상돼서 뒤뚱거리지 않고 예쁘게 잘 걷는 모습을 보며 하나님께 감사드립니다.

이젠 제법 점프도 잘하고 공도 잘 던지고 껑충 잘 뛰고 뒤로 걸으며 한발로도 설 수 있는 씩씩한 _____로 자라게 해 주셔서 감사합니다.

_____는 뒤로 걷는 튼튼한 두 다리와 자신감을 가지고 살아가되, 오직 의인은 믿음으로 말미암아 살 수 있다는 말씀 앞에서 늘 겸손하게 살아가게 도와주소서.

하나님 말씀을 떠나 뒤로 물러서거나, 교훈을 미워하여 수모를 당하는 일이 없게 하소서. 예수님의 뒤로 가서 옷자락에 손을 대고 혈루증이 즉시 고침 받았던 여인처럼, 담대한 믿음을 허락하여 주소서.

하나님의 능력에 의해 보호를 받고 _____를 위해 하나님 나라에 예비하신 기업을 얻는 _____가 되게 하소서.

예수님의 이름으로 기도합니다. 아멘.

14 영·유아와 함께 드리는 기도(26개월)

모든 일에 절제하게 하소서

찬송가 212장: 겸손히 주를 섬길 때   CCM : 행복

"이기기를 다투는 자마다 모든 일에 절제하나니 그들은 썩을 승리자의 관을 얻고자 하되 우리는 썩지 아니할 것을 얻고자 하노라"(고전 9:25)

뛰다가 갑자기 서기도 하는 속도 조절 능력을 주신 하나님!

기어다니고 겨우 한 걸음씩 아장아장 걷던 때가 불과 며칠 전인 것 같은데, 아이는 뛰다가 갑자기 서서 엄마 아빠를 놀래키기도 하지만, 다치지 않게 지켜주셔서 감사합니다.

혼자 낮은 의자 위를 오르고 내릴 수 있고, 세발자전거를 탈 수 있으며, 넘어지지 않고 잘 달리는 모습을 보며 하루하루가 하나님의 은혜로 충만한 감사의 시간들 주셔서 감사합니다.

_____가 하나님의 계획하심 따라 발달 단계에 따라 신체, 정서 등의 모든 면에서 성장하게 하심을 봅니다.
하나님을 향한 _____의 마음도 하나님의 영으로 충만해지게 하소서. 지식에 절제를, 절제에 인내를, 인내에 경건을 _____에게 부어 주소서.

하나님이 우리에게 주신 것은 두려워하는 마음이 아니요 능력과 사랑과 절제하는 마음이라고 하심을 깨닫고, 언제나 하나님 앞에서 겸손하게 절제의 열매를 맺는 _____가 되게 하소서.

예수님의 이름으로 기도합니다. 아멘.

15 영·유아와 함께 드리는 기도(27개월)

하나님 앞에서 기쁨의 춤을 추게 하소서

찬송가 95장: 나의 기쁨 나의 소망되시며   CCM : 왕께 만세

"다윗이 여호와 앞에서 힘을 다하여 춤을 추는데 그 때에 다윗이 베 에봇을 입었더라"(삼하 6:14)

찬양에 맞춰 춤추는 것을 좋아하게 하신 하나님!

자기 앞에 세워진 큰 공만 보면 뻥! 차는 모습, 앞구르기를 하는 모습, 박자에 맞춰 움직이는 방법을 배우게 하신 하나님께 감사드립니다. 가정예배 시간에 성경책을 거꾸로 들고 찬양에 맞춰 몸을 좌우로 흔드는 모습이 얼마나 예쁘고 사랑스러운지요? 우리 하나님도 함께 기뻐하셨음을 믿습니다.

다윗이 여호와 앞에서 온 힘을 다하여 힘차게 춤을 추었던 것처럼, 하나님께 덩실덩실 춤을 추며 감사 찬양을 드리는 _____로 자라나게 하소서.

주께서 _____ 마음에 두신 기쁨이, 풍성한 곡식과 새 포도주가 풍성할 때보다 더한 기쁨이 되게 하소서. 생명의 길을 보이시는 하나님 앞에 충만한 기쁨이 있으며 영원한 즐거움이 있음을 체험하게 하소서.

_____ 평생에 함께 하셔서 베옷을 벗기고 기쁨으로 띠 띠우시고, _____가 기쁨과 감사의 찬양으로 하나님을 경배하게 하소서. 십자가로 주신 은혜를 온전히 받아들이며 하나님이 주신 모든 것으로 가득 채워지게 하소서.

예수님의 이름으로 기도합니다. 아멘.

아이가 엄마에게...

엄마 아빠에게 전하는 아이의 속마음 편지

엄마, 아빠! 마음껏 하나님을 찬양하고 싶어요

제가 흥이 좀 많아요. 집에서도 음악 소리만 들리면 제 몸이 제 의지와는 상관없이 저절로 움직여지고, 팔 다리가 흔들흔들, 엉덩이가 실룩거려서 저도 제 몸을 통제할 수가 없을 정도예요.

거룩한 주일 아침 일어나니 내가 좋아하는 찬양 '첫째 날에 하나님 (황성숙 작곡, 작사)!' 소리가 들리더라구요. 영아부에서 배운 율동은 생각이 나지 않지만 몸이 저절로 움직여져서 춤을 췄어요. 너무 기쁜 나머지 덩실덩실 춤을 췄던 다윗 할아버지처럼요.
아침을 먹고 영아부 예배를 드리러 갔어요. 율동시간이 끝나고 전도사님이 말씀을 전하시는데 옆자리에 앉아 계시던 집사님 폰에서 음악소리가 울려 퍼졌어요. 그때 내 몸이 나도 모르게 벌떡 일어나고 갑자기 움직여지더니 덩실덩실 춤을 추게 되더라구요. 춤을 추니 저도 기분이 좋아서 '하하, 호호' 웃었지요.

아뿔싸! 영아부에 모여 있던 친구들과 부모님들, 그리고 선생님들까지 저를 쳐다보고 웃고 있는 거예요. 너무 부끄러워서 눈물이 나왔어요. '엉~~엉~~.' 웃고 있는 사람들보다 더 큰 소리로 울었어요. 그때 제가 가장 좋아하는 왕꿈틀이 젤리가 울고 있는 제 입안으로 쏘옥 들어왔어요. 흐르는 눈물을 제가 통제한 것도 아닌데 눈물이 멈췄어요.

젤리에 울다가 멈췄다는 얘기를 듣기 싫어서 바로 자는 척 해버렸어요. 입 안에 든 달콤한 젤리가 저를 행복하게 했어요. 다음에 또 부끄러워 눈물이 날 땐 울어버려야겠어요. 왕꿈틀이 젤리를 기다리면서요. 하나님을 맘껏 찬양하면서 춤을 춘 것이 수치스러운 일인가요? 이 세상엔 아직 이해되지 않는 일이 너무 많아요.

엄마가 들려주는 성경 동화

나아만 장군은 문둥병을 고침 받았어요

사랑하는 _____야!

나아만은 큰 용사였지만 나병환자였단다. 과거에 아람 사람들이 이스라엘 땅에서 이스라엘 여인을 사로잡아 나아만 아내의 종으로 삼았어. 사로잡혀 간 이스라엘 여종이 나아만 아내에게 나아만이 사마리아에 있는 선지자 엘리사에게 가면 병이 나을 수 있을 것이라고 말했어.

지푸라기라도 잡는 심정으로 이 여종의 말을 들은 나아만이 사마리아에 가서 선지자를 만나 자신의 병을 고치고 싶다는 뜻을 전하자 아람의 왕이 가기를 허락하였어.

뿐만 아니라 아람의 왕이 이스라엘 왕에게 편지를 보내고 은 십 달란트, 금 육 천 개 그리고 의복 열 벌을 선물로 함께 보냈단다. 편지 내용은 나아만의 병을 고쳐달라는 청원이었어.

그 후 나아만이 엘리사의 집으로 향하자 엘리사는 다시 사신을 보내 나아만에게 요단강에서 몸을 일곱 번 씻으면 나병이 나을 것이라고 말했단다.

나아만은 다메섹 강이 이스라엘 모든 강보다 나은데 거기서 씻지 왜 내가 여기 왔겠느냐며 화를 내고 돌아가려하자 그의 종들이 나아만을 말렸어. 종들의 말을 듣고 나아만이 요단 강에 내려가 몸을 일곱 번 담그니 몸이 어린아이 살 같이 회복되는 기적이 일어났단다.

복된 _____야!
하나님이 행하시는 기적은 하나님의 말씀에 순종할 때 일어난단다.

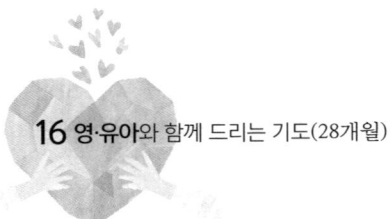

16 영·유아와 함께 드리는 기도(28개월)

배려하는 _____로 자라게 하소서

찬송가 26장: 구세주를 아는 이들   CCM : 처음과 나중

"엘리사가 자기 사환에게 이르되 너는 그에게 이르라 네가 이같이 우리를 위하여 세심한 배려를 하는도다 내가 너를 위하여 무엇을 하랴 왕에게나 사령관에게 무슨 구할 것이 있느냐 하니 여인이 이르되 나는 내 백성 중에 거주하나이다 하니라"(왕하 4:13)

타인의 관점을 이해하는 _____로 자라게 하신 하나님!

_____가 숟가락을 잘 사용해서 혼자 떠먹기도 하고 옷도 스스로 입고 벗을 수 있게 하시니 감사합니다.

자기중심성이 약화되기 시작하여 자기중심으로 생각하고 행동하던 모습이 사라지고 단순한 상황에서 타인의 관점을 이해하는 모습을 보이게 하시니 감사합니다.

자신의 이익만 추구하지 않고, 남을 윤택하게 하는 자가 되고 구제를 좋아하는 자가 될 때, 풍족하여질 것이라는 말씀을 체험하는 _____로 자라게 하소서.

대접받고자 하는 대로 남을 대접하고, 이웃을 사랑하는 자, 나보다 남을 낮게 여기는 자의 삶을 살아 율법을 다 이루었다는 칭찬을 받는 자가 되게 도와주소서.

_____는 하나님의 말씀을 듣고 실천으로 옮기는 순종의 사람이 되게 하시고 불순종의 삶을 살면서도 선한 삶을 산다는 착각에 빠지지 않게 하소서. 말씀을 듣기만 하고 잊어버리는 자가 되지 않게 도와주소서.

예수님의 이름으로 기도합니다. 아멘.

17 영·유아와 함께 드리는 기도(29개월)

지혜와 총명과 지식과 여러 가지 재주로 채워주소서

찬송가 9장: 하늘에 가득찬 영광의 하나님   CCM : 엎드려 경배해

"하나님의 영을 그에게 충만하게 하여 지혜와 총명과 지식과 여러 가지 재주로"(출 31:3)

내적인 정신적 사건과 외적인 물리적 사건과의 차이를 인식할 수 있는 지혜를 주신 하나님!

_____에게 지혜로운 마음을 주셔서 세상을 알아가게 하시고 필요한 지혜와 총명과 지식과 여러 가지 재주로 채워주심을 감사드립니다.

다윗이 사울이 보내는 곳마다 가서 지혜롭게 행하여 군대의 장이 되었던 것처럼, 여호와께서 _____와 함께 계시므로 지혜롭게 행하게 하소서.

믿지 않는 자들로 하여금 _____의 지혜를 칭찬하게 하시고 ___는 한평생 하나님께 지혜와 총명한 마음을 구하여 하나님의 지혜가 그 속에 있게 하소서.

솔로몬에게 지혜와 총명을 심히 많이 주시고 넓은 마음을 주시되 바닷가의 모래 같이 하신 것처럼, _____의 지혜가 세상 모든 사람의 지혜와 우리나라의 모든 지혜보다 뛰어난 자가 되게 하소서.

그리하여 하나님의 뜻을 이루어 드리고 하나님 나라의 구원에 쓰임 받는 _____가 되게 하소서.

예수님의 이름으로 기도합니다. 아멘.

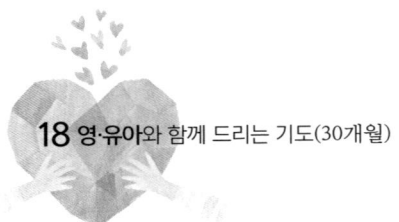

18 영·유아와 함께 드리는 기도(30개월)

구원의 통로가 되게 하소서

찬송가 323장: 부름받아 나선 이몸   CCM :

"곧 흠이 없고 용모가 아름다우며 모든 지혜를 통찰하며 지식에 통달하며 학문에 익숙하여 왕궁에 설 만한 소년을 데려오게 하였고 그들에게 갈대아 사람의 학문과 언어를 가르치게 하였고"(단 1:4)

어휘력이 빠르게 향상되게 하신 하나님!

문장 구조와 사회적 단서로 대화 중에 사용되는 단어 의미를 추측할 수 있게 되고, 문법적 규칙을 적용하여 동시에 한 단어 또는 몇 개의 단어를 표현할 수 있으며, 2~3개의 단어로 된 문장을 말할 수 있으며, 모국어의 문법을 배우게 하셔서 감사합니다.

하나님께서는 우리의 모든 행위와 사상을 아신다고 하셨습니다. _____의 언어와 행위가 하나님만 기억하고 하나님의 영광을 구하게 하소서.

다니엘처럼 하나님이 주신 지혜를 통찰하고 지식에 통달하며 학문에 익숙하여 하나님 나라를 세우는 일에 사용되게 하시고, 하나님 말씀을 세계 여러 나라 언어로 가르치는 자로 _____를 사용하소서.

그리하여 모든 백성과 나라들과 각 언어를 말하는 자들이 나팔과 피리와 수금과 영금과 및 모든 악기로 하나님 앞에 꿇어 엎드려 경배하는 놀라운 구원의 역사가 _____를 통하여 일어나게 하소서.

_____가 성령의 충만함을 받아 성령이 말하게 하심을 따라 다른 언어들로 말하게 하시고 언어가 다른 민족들을 하나님 말씀 앞에 불러 모으는 역사의 현장에 _____가 서있게 하소서.

예수님의 이름으로 기도합니다. 아멘.

엄마 아빠에게 전하는 아이의 속마음 편지

엄마, 아빠! 저는 동생을 괴롭힌 게 아니라 예뻐한 거예요

제 사촌동생이 태어나서 외갓집에 사촌동생을 보러 갔어요. 동생을 보자마자 저도 모르게 소리쳤어요.
"와우! 진짜 예쁜 아가구나."
어른들이 식탁에서 식사하시는 동안에 사촌동생을 쳐다보고 있다가 동생의 앵두같이 예쁜 입 안에 제가 아껴먹던 막대사탕을 넣어줬어요. 사촌동생이 오물오물거리며 너무 맛있어 하더라구요.
한참을 그렇게 사탕 봉사를 하고 있는데, 갑자기 고모가 나타나서 고함을 질렀어요.

"_____야! 아가는 아직 어려서 사탕 같은 건 못 먹어. 안 돼!"

원래 착하고 친절한 고모였는데 갑자기 동화책에서 튀어나온 마귀할멈이 돼 버렸어요. 눈물이 나서 엉엉 울었어요. 사랑하는 동생에게 제가 가장 좋아하는 사탕을 준 일이 소리쳐서 야단칠 정도의 큰 잘못인가요?
제 울음소리를 듣고 엄마가 다가와서 조용하게 설명을 해줬어요. 사촌동생은 아직 사탕을 먹을 나이가 아니라구요. 그래서 고개를 끄덕였죠. 저를 사랑하시는 하나님께서 제게 세상을 살아가는 동안 필요한 지혜와 총명과 지식과 여러 가지 재주로 채워주셔서 곧 오늘처럼 사고치는 일이 줄어들겠죠?

엄마, 아빠! 세상은 아직도 모르는 것 투성이이고 알아야 할 것도 정말 많아서 힘들지만, 그래도 재미있는 일이 많아서 좋아요. 차분하게 화내지 마시고 예쁜 말로 가르쳐 주세요.

엄마가 들려주는 성경 동화

홉니와 비느하스는 나쁜 짓만 골라했어요

사랑하는 _____야!
40년 동안 제사장이며 사사였던 엘리에게는 두 아들 홉니와 비느하스가 있었어.

제사장이던 엘리는 두 아들을 너무 사랑해서 나쁜 버릇을 고치려는 시도조차 하지 못했단다. 결국 두 아들은 하나님을 경홀히 여기는 망나니가 되었어. 심지어 성전에서 나쁜 짓을 저지르고 제사를 더럽히는 못된 일을 해서 하나님의 진노를 샀단다.
그러나 엘리는 여전히 자기 아들들의 죄에 대해 관대했고 하나님 앞에서는 영적인 감각을 잃어버린 채 살아갔어. 결국 하나님은 제사장

직을 사무엘에게 옮기고 이스라엘을 심판하셨단다.

그 결과로 블레셋과 전쟁에서 패하고 언약궤는 탈취되고 홉니와 비느하스가 전쟁에서 죽고 말았단다.
그뿐 아니라 엘리 제사장도 두 아들의 사망소식을 듣고 충격을 받아 의자에서 떨어져 목이 부러지는 비참한 죽음을 맞게 되었단다. 임신 중인 비느하스의 아내도 출산을 하다 죽게 되었어.

복된 _____야! 하나님을 존중하는 사람들은 존중을 받고, 하나님을 경멸하는 자들은 수치를 당하게 된단다.

19 영·유아와 함께 드리는 기도(31개월)

날마다 자신을 성결하게 하셔서
기이한 일들을 보게 하소서

찬송가 420장: 너 성결키 위해   CCM : 주 내 아버지

"여호수아가 또 백성에게 이르되 너희는 자신을 성결하게 하라 여호와께서 내일 너희 가운데에 기이한 일들을 행하시리라"(수 3:5)

자아존중감과 자아개념이 발달하게 하신 하나님!

_____의 성장 발달을 지켜보시고 부족함이 없이 채워주시니 감사합니다.

자아개념은 자기 자신에 대한 인식이 발달하면서 자신을 평가하는 능력도 서서히 나타나게 되는 것인데, 어느 정도 수준의 인지발달뿐만 아니라, 사회적 경험이 자아개념 발달에 매우 중요하다고 합니다.

_____의 인지발달과 사회적 경험에 필요한 지혜를 우리 부부에게 채워주소서.

_____는 자아개념의 발달과 동시에, 지극히 거룩한 믿음 위에 자신을 세우며, 성령으로 기도하며 하나님의 사랑 안에서 자신을 지키며, 영생에 이르도록 우리 주 예수 그리스도의 긍휼을 기다리는 자로 자라게 도와주소서.

_____와 함께 한 모든 자에게 자신을 정결하게 할 것은 가르치게 하시고, 날마다 하나님 앞에서 자신과 가족의 성결을 지키기 위해 힘쓰게 하소서. 자기 집착의 마음을 부인하고 예수 그리스도의 십자가의 사랑을 만나는 _____가 되게 하소서.

예수님의 이름으로 기도합니다. 아멘.

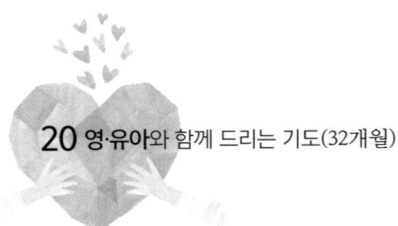

20 영·유아와 함께 드리는 기도(32개월)

____를 살피시고 시험하사 뜻과 양심을 단련하소서

찬송가 361장: 내 기도하는 이 시간   CCM : 우리 주 하나님

"여호와여 나를 살피시고 시험하사 내 뜻과 내 양심을 단련하소서"(시 26:2)

도덕성 발달의 초기 신호가 나타나게 하신 하나님!

_____는 감정이입이 증가돼서 사람들이나 물건, 동물 등에 자신의 감정을 옮겨 넣거나, 그 대상으로부터의 느낌을 받아들여 느끼는 일을 말로 표현하게 하시니 감사합니다.

도덕성과 양심의 관계를 생각해보며 도덕성이 뛰어나고 타인의 아픔도 깊게 공감해 줄 수 있는 _____로 자라길 기도합니다.

의로우신 하나님은 _____의 마음과 양심을 감찰하시고, 밤마다 양심을 통해서 교훈하시는 하나님이시며, 양심을 단련시키시는 분 이심을 깨닫고 하나님의 마음에 민감하게 반응하게 도와주소서.

그리스도 안에서 참말을 하고 성령께서 하시는 말씀을 듣고 순종하는 _____로 자라게 하소서.

연약한 양심을 상하게 하는 죄를 짓지 않게 하시고 죽은 행실에서 깨끗하게 하시고 참 마음과 온전한 믿음으로 하나님께 나아가 날마다 살아계신 하나님을 섬기는 삶이 되게 하소서.

양심에 거리끼는 모든 사리사욕을 완전히 없애고 모든 권리를 하나님께 내어드리고 자신의 모든 것을 하나님의 모든 것에 굴복시키는 _____로 자라게 하소서.

예수님의 이름으로 기도합니다. 아멘.

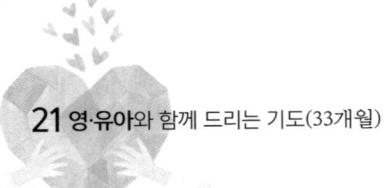

21 영·유아와 함께 드리는 기도(33개월)

죄의식, 수치가 떠나가게 하소서

찬송가 535장: 주 예수 대문 밖에   CCM : 이전과 같지 않으리

"여호와께서 여호수아에게 이르시되 내가 오늘 애굽의 수치를 너희에게서 떠나가게 하였다 하셨으므로 그곳 이름을 오늘까지 길갈이라 하느니라"(수 5:9)

성 정형화된 신념과 행동이 이전보다 많이 증가하게 하신 하나님!

_____를 남자(여자) 아이로 태어나게 하심을 감사합니다. 이전보다 성 정형화된 신념과 행동이 더 증가하게 하시고 자신의 성별을 알게 하시니 감사합니다.

수치심, 당황, 죄의식, 부러움, 자랑스러움 등의 정서를 느낄 수 있게 하셔서 자신의 행동을 돌아보게 하시니 감사합니다.

하지만 _____는 죄의식이나 수치심 등으로 자신을 괴롭히지 않게 하소서. 예수님의 십자가의 사랑으로 인해 죄씻음 받았음을 깨닫게 하시고 순간순간 회개의 기도로 눈보다 더 희어지는 은혜가 있음을 감사하게 하소서.

_____가 부르짖을 때에 구원을 얻게 하시고 주를 의지할 때 수치를 당하지 않게 하시겠다는 말씀대로 응답하여 주소서. _____를 괴롭히는 자들에게 수치를 당하지 않게 도와주소서.

_____는 한평생 기도의 응답이 하나님께 달린 것처럼 기도만 하지 않고, 기도의 응답이 자신에게도 달린 것처럼 최선을 다하여 응답받고, 하나님께 기쁨과 자랑이 되는 자녀로 자라게 도와주소서.

예수님의 이름으로 기도합니다. 아멘.

엄마 아빠에게 전하는 아이의 속마음 편지

엄마, 아빠! 작은 실수에 너무 야단치지 마세요

아침에 일어나보니 엄마, 아빠는 아직 주무시고 계셨어요. 늦게 일어나시려나 봐요. 그럼 오늘이 토요일인지, 아니면 주일인지? 아무튼 아빠가 출근 안 하시는 날일 거예요.

이런 날은 굳이 엄마, 아빠를 깨우기보다는 제가 좋아하는 장난감이랑 놀고 있는 것이 좋을 때도 있어요. 저도 가끔씩은 엄마 아빠의 잔소리에서 벗어나서 혼자만의 시간이 필요하기도 해요.

아침에 일어나서 공복에 물 한잔 마시는 게 건강에 좋다고 엄마가 입버릇처럼 하시는 말씀이 생각나서 주방으로 갔어요.
그런데 싱크대 설거지가 안 돼 있었어요. 어젯밤 저녁 먹고 갑자기 외출했다가 늦게 돌아오는 바람에 설거지를 깜박하신 것 같아요.

고무장갑도 없이 설거지를 했어요. 그런데 설거지하다가 주방세제가 묻은 컵이 미끄러지면서 제 손을 벗어나서 와장창 깨져 버렸어요. 그 소리를 듣고 엄마 아빠가 주방으로 달려오셨어요. 두 분이 동시에 소리를 쳤어요.
"_____야! 이게 무슨 일이야? 무슨 짓 하다가 컵을 깨뜨렸니?"
그때 제 손에서 피라도 났더라면 이렇게 야단치지는 않으셨을까요? 눈물이 났어요. 저는 엄마를 위해서 설거지를 했고 다만 유리 컵 하나가 깨졌을 뿐인데...

저는 혼자서는 무슨 일이든 하면 안 되는 아이인가요? 사고뭉치 아이인걸까요? 저는 언제쯤 엄마 아빠의 칭찬을 듣는 아이가 될 수 있을까요?

엄마가 들려주는 성경 동화

누가는 존경받는 의사 선생님이었어요

사랑하는 _____야!

누가는 원래 주님의 제자가 아니었어.

하지만 바울 사도의 동역자로서 바울의 주치의 의사이기도 했던 누가는, 이방인으로서는 유일하게 성경을 기록한 인물로서, 누가복음과 사도행전을 기록함으로써 교회에 큰 공헌을 한 인물이 되었단다.

누가는 헬라인으로서의 냉철한 지성과 교양을 쌓았으며 의사로서의 덕망과 아울러 그리스도의 복음에 대하여 뜨거운 열정을 가지고, 자신의 능력과 재능을 최대한 활용하여 그리스도에 관한 모든 일을 상세하고도 정확하게 기록으로 남겨 이방인들에게 전하고자 노력했단다. 언제나 병자나 약자의 벗이 되기 위해 힘쓴 그의 희생적인 봉사정신은 본받을 점이란다.

누가는 훌륭한 교육을 받은 의사요, 두 서신을 기록한 뛰어난 저술가였으면서도 결코 자신을 드러내지 않았고, 묵묵히 바울을 조력하면서 자신의 맡은 바 사명에 충실한 사람이었단다.

복된 _____야!
누가처럼 재능과 시간과 건강, 그 모든 것을 하나님께 드려서 오직 하나님의 영광을 위해 사용하는 _____가 되면 좋겠다.

22 영·유아와 함께 드리는 기도(34개월)

지혜로운 영을 ──에게
채우사 창의성이 발달하게 하소서

찬송가 330장: 어둔 밤 쉬 되리니   CCM : 예수 예수 승리하셨네

"너는 무릇 마음에 지혜 있는 모든 자 곧 내가 지혜로운 영으로 채운 자들에게 말하여 아론의 옷을 지어 그를 거룩하게 하여 내게 제사장 직분을 행하게 하라"(출 28:3)

창의성 발달이 준비되는 시기가 되기까지 지켜주신 하나님!

──────에게 지혜로운 영으로 채워주셔서 하나님의 일을 감당할 수 있도록 인도하실 것을 믿고 감사드립니다.
우리 부부에게는 ──────의 창의성 발달을 위해 필요한 자극을 제공하는데 부족함 없는 지혜로 인도하소서.

독창적이고 유능한 일을 감당하는데 꼭 필요한 지혜를 주셔서 하나님이 마음껏 사용하시는 귀한 질그릇으로 자라게 도와주소서.
하나님께서 지혜로운 마음을 주셔서 명령하신 모든 것을 이루어 드리게 하시고 어떤 일을 맡기시든지 감당할 수 있는 능력으로 채워주소서.

세상의 유익을 구하지 않고 오직 하나님과 이웃을 섬기는 일에 힘을 다하게 하소서. 하나님이 주신 지혜로 자기의 계략에 빠지거나 남을 해롭게 하는데 사용하는 일이 없도록 도와주소서.
지혜로운 자가 되어 영광을 기업으로 받게 하시고, 정직한 삶을 살아가도록 인도하여 주소서. 또한 범사에 지혜로이 행하여 하나님과 부모에게 기쁨이 되게 하시고 많은 사람들을 얻게 하소서.

하나님께서 주신 지혜를 하나님께 드리고 예수 그리스도께서 주 되심에 자신을 온전히 굴복시켜 하나님께서 _____를 통해 하시는 놀라운 일을 보게 하소서.

예수님의 이름으로 기도합니다. 아멘.

23 영·유아와 함께 드리는 기도(35개월)

교만치 않게 하소서

찬송가 424장: 아버지여 나의 맘을   CCM : 주 예수 나의 산 소망

"또 말하되 자, 성읍과 탑을 건설하여 그 탑 꼭대기를 하늘에 닿게 하여 우리 이름을 내고 온 지면에 흩어짐을 면하자 하였더니"(창 11:4)

6~8개의 블록으로 탑을 쌓을 수 있는 손가락을 주신 하나님!

_____의 건강한 손가락 10개를 주시고 자기중심성이 약화되기 시작하고 다른 사람들을 도울 줄 아는 행동을 하게 하시니 감사합니다. 친구들에게 관심을 갖게 하시고, 언어를 사용하여 이웃 어른들과도 언어로 교류하게 하심도 감사드립니다.

작은 손가락으로 예쁜 탑을 쌓을 수 있는 집중력과 지혜 주심도 감사합니다.

성읍과 탑을 건설하여 탑 꼭대기를 하늘에 닿게 하고 자신들의 이름을 내고자 했던 자들처럼, 어리석고 교만한 자 되지 않게 하시고 하나님 앞에서 날마다 자신을 낮추고 남을 높이는 겸손한 삶을 살아가게 도와주소서. 행동을 달아보시는 지식의 하나님 앞에서, 교만한 말과 오만한 말을 입에서 내지 않게 하소서.

교만한 자를 살피사 낮추시는 하나님께, 범죄한 일이 있거든 히스기야처럼 마음의 교만함을 뉘우치고 말씀에 순종하는 자 되게 하소서. 교만한 눈과 거만한 악한 행실과 패역한 입을 미워하시는 하나님만 높이게 도와주소서.

_____의 마음이 하나님께로 겸손하게 나아가기로 결심하면 하나님께서는 _____가 가장 소망하는 것으로 채워주실 것을 믿게 하소서. _____가 가장 소망하는 것이 바로 '하나님' 한 분이게 하소서. 하나님만 소망하는 _____가 되게 하소서.

예수님의 이름으로 기도합니다. 아멘.

24 영·유아와 함께 드리는 기도 (36개월)

하나님께 모든 감정을 꺼내놓게 하소서

찬송가 91장: 슬픈 마음 있는 사람   CCM : 이 땅 위에 오신

언어표현력을 향상하게 하신 하나님!

_____는 자기중심적 논리를 펴기 시작하고 상황에 맞는 감정을 나타내기 시작하게 하셔서 감사합니다.

누구나 이해하는 보편적인 것이 아니라 아이가 경험한 것 중에서 생각해낸 자기중심적 논리가 나타나고 있습니다.

또한 오감을 통한 경험과 관찰을 통해 끊임없는 질문이 이어지게 하심도 감사합니다. 이러한 질문은 아이의 지적 호기심을 채우기 위한 질문이라기보다는 말문이 트이면서 재미를 만끽하고자 하는 의도가 담긴 질문이라고 합니다.

_____의 끝없는 질문에도 인내와 사랑으로 반응하게 도와주소서. _____가 감정과 느낌을 상황과 사람에 따라 표현할 때, 부정적인 반응을 보이거나 예민하게 반응하지 않고 적절한 배려와 사랑을 보여주는 지혜를 허락하여 주소서.

하나님이 우리에게 감정을 고백하신 것처럼 하나님께도 솔직한 감정을 숨김없이 아뢸 줄 아는 _____가 되게 하소서.

기쁨과 감사만 고백하는 것이 아니라 시편에서 다윗처럼, 욥과 모세처럼, _____안에 일어나는 모든 감정을 고백하는 하나님의 자녀로 자라게 도와주소서.

분노와 슬픔까지, 원망과 억울함까지 하나님 앞에 모두 쏟아내는 _____가 되게 하소서.

예수님의 이름으로 기도합니다. 아멘.

1. 걸음마기보다 키와 몸무게 증가가 느려져요.(만 2세)
2. 전두엽에서 시냅스의 성장과 수초화 현상이 빠르게 일어나기시작해요.(만 2세)
3. 몸의 균형감각이 향상돼요.(만 2세)
4. 점프도 할 수 있고, 공을 던질 수도 있어요.(만 2세)
5. 껑충 뛸 수도 있고 뒤로 걸을 수도 있어요.(만 2세)
6. 한 발로도 설 수 있어요.(만 2세)
7. 뛰다가 갑자기 서기도 하고 속도 조절이 가능해요.(만 2세)
8. 혼자 낮은 의자 위를 오르내릴 수 있어요.(만 2세)
9. 세발자전거를 탈 수 있어요.(만 2세)
10. 넘어지지 않고 잘 달릴 수 있어요.(만 2세)
11. 세워진 큰 공을 발로 찰 수 있어요.(만 2세)
12. 누군가의 도움을 받으면 앞구르기를 할 수 있어요.(만 2세)
13. 음악에 맞춰 춤추는 것을 좋아하고, 박자에 맞춰 움직이는 방법을 배울 수 있어요.(만 2세)
14. 숟가락을 잘 사용해요.(만 2세)
15. 쉽게 입을 수 있는 옷은 스스로 입고 벗을 수 있어요.(만 2세)
16. 단순한 상황에서는 타인의 관점을 이해할 수 있어요.(만 2세)
17. 내적인 정신적 사건과 외적인 물리적 사건과의 차이를 인식 할 수 있어요.(만 2세)

18. 어휘력이 빠르게 향상돼요.(만 2세)

19. 문장 구조와 사회적 단서로 대화 중에 사용되는 단어 의미를 추측할 수 있어요.(만 2세)

20. 문법적 규칙을 적용하여 동시에 한 단어 또는 몇 개의 단어를 표현할 수 있어요.(만 2세)

21. 2~3개의 단어로 된 문장을 말할 수 있으며, 모국어의 문법을 배우게 돼요.(만 2세)

22. 자아존중감과 자아개념이 발달하기 시작해요.(만 2세)

23. 도덕성 발달의 초기 신호가 나타나기 시작해요.(만 2세)

24. 감정이입이 증가돼요.(만 2세)

25. 성 정형화된 신념과 행동이 이전보다 많이 증가해요.(만 2세)

26. 수치심, 당황, 죄의식, 부러움, 자랑스러움 등의 정서를 느낄 수 있어요.(만 2세)

27. 창의성 발달의 준비기여서 다양한 놀이를 통한 자극이 필요해요.(만 2세)

28. 6~8개의 블록으로 탑을 쌓을 수 있어요.(만 2세)

29. 자기중심성이 약화되기 시작해요.(만 2세)

30. 친구들에게 관심을 갖기 시작해요.(만 2세)

31. 언어를 사용하여 어른들과 교류해요.(만 2세)

엄마 아빠에게 전하는 아이의 속마음 편지

엄마, 아빠! 엄마, 아빠랑 많이 이야기하고 싶어요

며칠 전부터 저도 모르게 엄마 뒤꽁무니를 졸졸 따라다니면서 질문을 하고 있어요. 그런데 엄마, 아빠는 제 안에 숨어있는 창의성을 끄집어내시려고 온갖 책이랑 장난감을 사주시면서 제 질문에는 전부 같은 대답이세요.

"네가 조금만 더 자라면 알게 될 거야. 궁금해도 좀 참아." 등등의 대답으로 저를 피해 다니시네요.

세상은 넓고 할 일도 많다고 하셨다죠? 그런데 제겐 세상을 넓기만 하고 궁금한 점 천지예요. 제발 아시는 것만큼만 대답 좀 해주세요.

"엄마는 왜 여자라고 하고 아빠는 왜 남자라고 하나요?"
"버스는 왜 바퀴가 4개고 자전거는 2개 혹은 3개예요?"
아이들의 질문은 배움의 싹이라고도 하고 호기심이 뿌리내리는 토양이라고 한다죠?
하지만 저는 그런 말은 무슨 뜻인지 모르겠고 엄마, 아빠가 제 곁에서 함께 시간을 보내고 이야기를 나누는 그 시간이 정말 좋아요.

제 몸 안으로 엄마, 아빠의 사랑이 소복소복 쌓이는 느낌, 그 달콤함이 참 좋아요.

엄마, 아빠!
제가 질풍노도의 시기인 사춘기가 오기 전에 저랑 많은 대화의 시간을 가져주시면 정말 저는 행복한 아이로 자라서, 사춘기 시기에도 부모님께 애먹이지 않고 잘 이겨낼 수 있을 거예요. 제발 많은 시간 저와 함께 해요.

엄마가 들려주는 성경 동화

막달라 마리아의 사랑과 헌신은 배우고 싶어요

사랑하는 _____야!

갈릴리 해변의 막달라라는 마을 출신인 마리아 이야기를 할까 해. 그녀는 일곱 귀신이 들려 고생하던 중, 예수님께서 그 귀신을 쫓아내신 후로 자기 재산을 바쳐 예수님과 그 제자들을 섬겼어.

예수님께서 체포되셨을 때는 재판하던 곳으로 달려갔고, 골고다로 가는 길도 함께 따라갔단다. 예수님의 십자가 가까이까지 가서 지켜보기도 하고, 부활의 아침 맨 먼저 무덤을 찾아간 여인들 중의 한 사람이기도 해. 뿐만 아니라 부활하신 예수님을 개인적으로 만나는 기쁨과 특권도 누렸어.

예수님께서 다시 살아나셨다는 말을 듣고 너무 놀라고 무서워서 다른 사람들은 무덤을 떠났지만 막달라 마리아는 뛰어가서 제자들에게 그 기쁜 소식을 전했단다.

복된 _____야! 막달라 마리아처럼 하나님을 향한 믿음과 사랑과 헌신이 변치 않길 바란다.

3장
영·유아 자녀와 함께 드리는
축복 기도문
(37~48개월)

25 영·유아와 함께 드리는 기도(37개월)

두려움에서 건져주소서

찬송가 171장: 하나님의 독생자   CCM : 예수 이름 높이세

"내가 주께 간구하오니 내 형의 손에서 에서의 손에서 나를 건져내시옵소서. 내가 그를 두려워함은 그가 와서 나와 내 처자들을 칠까 겁이 나기 때문이니이다"(창 32:11)

간단한 모양을 쉽게 그릴 수 있게 하신 하나님!

연필을 작은 손으로 잘 잡고 원을 그릴 수 있게 도와주셔서 감사드립니다.

_____가 어떤 어려움에 처하든지 하나님께서 시련 가운데서 인도하여 아름답고 광대한 땅, 젖과 꿀이 흐르는 땅으로 이끌어내소서.

하나님의 크신 능력의 손이 _____의 평생에 늘 함께 하시기를 기도합니다. 하나님께서 온 땅을 _____의 손에 넘겨주시고 두려워하지 말고 놀라지 말라는 말씀대로 담대하게 주신 땅을 취하게 하소서.

그 누구도 _____를 괴롭게 하거나 상하게 하지 않도록 보호하여 주소서. 두려움이 없는 평강의 씨앗을 얻게 하시고 포도나무가 열매를 맺고 땅이 산물을 내며 하늘은 이슬을 내리는 축복을 _____ 평생에 누리게 하소서.

두려움에 쫓기는 일이 생기면, 하나님을 의지할 때가 가장 안정한 상태임을 깨닫게 하시고, 전능하신 하나님의 그늘 아래로 피하게 하소서. 하나님의 뜻 안에서 살아가는 자녀가 누리는 참 평안을 누리며 살아가게 도와주소서.

예수님의 이름으로 기도합니다. 아멘.

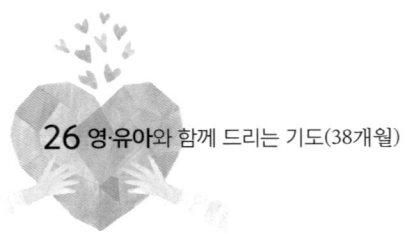

26 영·유아와 함께 드리는 기도(38개월)

거룩한 예복을 입혀주소서

찬송가 93장: 예수는 나의 힘이요   CCM : 나는 예배자입니다

"백성과 더불어 의논하고 노래하는 자들을 택하여 거룩한 예복을 입히고 군대 앞에서 행진하며 여호와를 찬송하여 이르기를 여호와께 감사하세 그의 인자하심이 영원하도다 하게 하였더니"(대하 20:21)

인형 옷을 입힐 수 있게 되고 옷의 단추를 풀고 채울 수 있게 해주신 하나님!

가위로 종이를 자를 수 있고 풀칠도 할 수 있게 하심도 감사합니다. 엄마 아빠의 머리와 몸을 두 부분으로 나누어 예쁘게 그릴 수 있게 됨도 감사드립니다.

_____가 세상을 조금씩 알아가는 모습이 기특하고 예쁘고, 하나님이 지으신 피조물인 인간을 향한 하나님의 사랑을 깨닫게 하시니 감사합니다.

하나님께서 아담과 하와에게 가죽옷을 지어 입히신 것처럼, ____에게도 거룩한 예복을 입혀주시고 하나님을 찬송하며 여호와께 감사드리는 예배를 드리게 도와주소서.

들풀도 입히시는 하나님 앞에서 무엇을 입을까 염려하는 죄를 짓지 않게 하소서. 입을 옷이 없는 이웃들을 향해 손을 펴서 나누게 하시고 그들이 거룩한 예복을 입을 수 있도록 복음을 전하는 구원의 통로가 되게 도와주소서.

거룩해질 수 있는 권리와 책임이 _____에게 있음을 깨닫고 날마다 거룩한 예복을 준비하고 입는 하나님의 자녀 되게 도와주소서.

예수님의 이름으로 기도합니다. 아멘.

27 영·유아와 함께 드리는 기도(39개월)

두 손과 두 발로 선을 행하게 하소서

찬송가 15장: 하나님의 크신 사랑   CCM : 내 모습 이대로

"만일 네 손이나 네 발이 너를 범죄하게 하거든 찍어 내버리라 장애인이나 다리 저는 자로 영생에 들어가는 것이 두 손과 두 발을 가지고 영원한 불에 던져지는 것보다 나으니라"(마 18:8)

달리기, 던지기와 잡기, 두 발로 점프하기를 더 잘하게 하신 하나님!

낮잠이 더 이상 필요하지 않게 되고 세발자전거를 탈 수 있는 다리 힘을 주심도 감사드립니다.

하나님께서 _____에게 주신 건강한 두 손과 두 발로 하나님이 기뻐하시는 삶을 살아가게 도와주소서.

매일 하나님을 부르며 주를 향하여 _____의 두 손을 들고 기도하는 _____로 자라게 도와주소서.

두 손으로 부지런히 이웃을 섬기며, 두 발로 복음 전하는 일에 힘쓰게 하소서. 두 손을 들어 하나님을 구할 때 위로하여 주시고 눈물을 닦아 주소서.

_____의 인생이 다하는 날까지 주님 앞에 두 손을 모으며 기도로 나아가는 은혜가 임하게 도와주소서.

어떤 어려움이 몰려와도 온 몸과 마음을 다하여 하나님을 경외할 때 부어주시는 놀랍고 크신 은혜와 축복이 _____의 삶 가운데 넘쳐나게 하소서.
시련과 고난은 소망, 겸손, 지혜가 자라게 되는 토대가 된다는 사실을 깨닫고 일어서게 하소서.

예수님의 이름으로 기도합니다. 아멘.

아이가 엄마에게...

엄마 아빠에게 전하는 아이의 속마음 편지

엄마, 아빠! 그림은 잘 못 그려도 사랑해요

유치원에서 선생님께서 세상에서 가장 사랑하는 엄마, 아빠를 그려 보라고 하셨어요. 제가 유치원에서 친구들이랑 지낼 때, 가끔 엄마, 아빠가 보고 싶을 때면 머릿속으로 그려보는 부모님의 모습을 막상 그리려고 하니 어떻게 그려야 할지 모르겠더라구요.

그래서 고민 끝에 두 눈을 감고 엄마, 아빠를 떠올려 보았지요. 다시 눈을 뜨고 엄마의 머리와 몸, 아빠의 머리와 몸을 그렸어요. 그리고 보니 정말 예쁘고 멋지게 그렸더라구요.

엄마가 좋아하는 색인 보라색으로 엄마 머리를 색칠했어요. 몸은 또 엄마가 좋아하는 핑크색으로 예쁘게 색칠했어요. 그다음, 아빠는 어떤 색을 좋아하시는지 몰라서 아빠가 타고 다니시는 멋진 회색 자동차 색으로 색칠했어요.

몸은 어떻게 할까 고민하다가, 아빠 양복 입은 모습이 생각나서 검정색으로 색칠했어요. 빨리 엄마 아빠에게 제가 그린 그림을 보여드리고 싶었어요.

유치원에서 모든 활동이 마치자마자 차에 올라타서 엄마가 기다리는 우리 아파트에 도착했어요.

"엄마, 오늘 유치원에서 엄마, 아빠 그렸는데 잘 그렸죠?"

순간 엄마의 굳은 표정에 제가 할 말을 잃어버렸어요.

저는 칭찬이 쏟아질 줄 알았는데, 글쎄, 엄마 표정이 말이 아니더라구요.

"엄마랑 아빠 팔과 다리는 어디 갔어?"

"엄마 머리카락 색은 왜 보라색이야? 몸통은 왜 핑크색이구?"

그걸 꼭 물어보아야 하나요? 저는 최선을 다해 그린 그림이었고 아직 세밀하게 팔과 다리는 그릴 줄 모른다구요. 흑흑. 다음엔 팔과 다리를 넣어서 그려오도록 할게요. 그리고 엄마가 머리와 몸을 무슨 색으로 칠하면 좋은지 알려주세요. 저는 아직 그런 것도 모르는 아이니까요.

엄마가 들려주는 성경 동화

한나는 기도하는 일에 최선을 다했어요

사랑하는 _____야!

제사 직무를 담당하는 레위인 엘가나는 한나의 남편이었단다. 엘가나의 또 다른 아내 브닌나는 자식을 낳을 수 있었고 한나는 임신도 되지 않았단다.

엘가나의 가정이 실로에 있는 성막에 제사를 드리러 가게 될 때에 한나는 브닌나에게 조롱을 받았단다. 한나는 아이를 낳지 못한다는 게 무척 괴롭고 힘들었단다. 한나는 애통해하면서 모든 문제를 하나님께 맡기고 임신하기 위해 하나님을 더욱 의지했단다.

그녀는 괴로움을 극복하는 방법으로써 다른 곳에 가지 아니하고 오직 성전에 가서 하나님만 의지하고 기도했단다.

"당신이 아들을 주시면 내가 그의 평생에 여호와께 그를 드리겠습니다."

그녀는 기도로 슬픔을 하나님께 아뢰었고 하나님께서 자신의 기도를 들으셨다는 확신이 설 때까지 기도하였단다. 한나가 하나님께 기도하고 믿은 대로 하나님께서는 아들을 임신하게 하셨단다.

한나가 하나님께 간구하여 기도 응답으로 받은 아들이 사무엘이란다. 한나는 하나님께 서원한 대로 사무엘을 하나님께 바쳐 성전에 거하게 하고, 하나님께서는 한나의 서원 갚음을 보시고 기뻐하시어 더 큰 축복을 내리셔서 세 아들과 두 딸을 낳게 하셨단다.

복된 _____야!

한나는 하나님께 믿고 기도해서 응답을 받았고, 하나님께 서원한 대로 준행함으로써 하나님께 축복을 받았던 거란다.

28 영·유아와 함께 드리는 기도(40개월)

모든 위험에서 건져주소서

찬송가 382장: 너 근심 걱정 말아라   CCM : 시편 139편

"그가 그의 말씀을 보내어 그들을 고치시고 위험한 지경에서 건지시는도다"(시 107:20)

뛰어넘기와 한 발 뛰기를 할 수 있는 힘을 주신 하나님!

_____가 가위를 안전하게 사용할 수 있게 하심도 감사합니다. 하나님께서는 위험한 광야 곧 불뱀과 전갈이 있고 물이 없는 건조한 땅을 지나게 하시고 단단한 반석에서 물을 내셔서 _____를 인도하실 것을 약속하심도 감사합니다.

_____의 생명이 위험에 처하고 마음이 심히 아파하여, 사망의 위험이 _____에게 닥쳐도 고치시고 건지신다는 약속의 말씀을 믿습니다.

그 누구도 그리스도의 사랑에서 끊을 수 없다는 말씀대로, 환난이나 곤고나 박해나 기근이나 적신이나 위험에서, _____를 보호하여 주소서.

이 땅에 살면서 만나게 되는 모든 위험과 환난 가운데 서게 될지라도, 하나님의 선하심과 전능하심을 믿고 선포하는 _____가 되게 하소서.
_____가 예수님을 믿는다고 고백할 때, 우리 주 예수 그리스도의 '주인 되심과 구원자'이심을 믿는 믿음으로 날마다 승리하게 도와주소서.

예수님의 이름으로 기도합니다. 아멘.

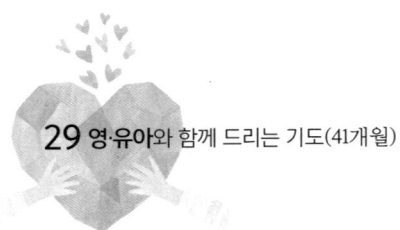

29 영·유아와 함께 드리는 기도(41개월)

이웃을 사랑하게 하소서

찬송가 218장: 네 맘과 정성을 다하여서   CCM : 송축해 내 영혼

"너희가 만일 성경에 기록된 대로 네 이웃 사랑하기를 네 몸과 같이 하라 하신 최고의 법을 지키면 잘하는 것이거니와"(약 2:8)

사람을 그릴 수 있는 능력을 주신 하나님!

_____가 겉으로 보이는 것과 실재를 구별할 수 있는 지혜 주셔서 감사합니다.

친숙한 상황에서는 인과관계에 대한 이해를 보이기 시작하고, 친척은 물론 이웃 사람들에게도 인사를 할 줄 아는 사회성 발달을 감사드립니다.

신체적 발달, 지적 발달, 정서적 발달, 사회성 발달 등이 조화롭게 이뤄져서 하나님께서 사용하시기에 부족함이 없게 인도해주소서.

십계명과 또 수많은 율법과 많은 예언자들을 통해 선포되고 기록된 신구약 66권 말씀 중에서, 가장 크고 중한 두 계명은 '하나님 사랑, 이웃 사랑'임을 깨닫고 실천하는 _____가 되게 도와주소서.

예수님처럼 하나님의 사랑과 하나님의 마음으로 조건 없이 친구들을 도우고 섬기게 하소서.

예수님의 이름으로 기도합니다. 아멘.

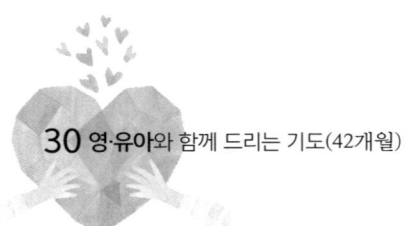

30 영·유아와 함께 드리는 기도(42개월)

받은 복을 세어보며 감사의 예물 드리게 하소서

찬송가 429장: 세상 모든 풍파 너를 흔들어 CCM : 모든 이름 위에 뛰어난 이름

"네 하나님 여호와 앞에 칠칠절을 지키되 네 하나님 여호와께서 네게 복을 주신대로 네 힘을 헤아려 자원하는 예물을 드리고"(신 16:10)

주의력이 증가하게 하신 하나님!

적은 수의 물체를 셀 수 있게 하시고 기수를 이해할 수 있는 지혜를 주셔서 감사합니다.

_____는 하나님이 주신 복을 따라 마음에서 우러나오는 감사의 예물 드리기를 즐거워하게 하소서.

세상 모든 풍파가 _____의 삶을 흔들어 약한 마음 낙심하게 될 때 주님 주신 복을 깨닫고 찬양하는 삶을 살게 하소서.
날마다 주신 복을 세어보게 하소서.

날마다 크신 복을 깨닫고 찬양하게 하소서. 날마다 복을 누리며 하나님만 기뻐하게 하소서.

매일 주신 복을 세어보고 감사드리며 하나님의 임재 안으로 들어가는 _____로 자라게 도와주소서.

_____의 삶을 감사의 예물로 드리며, _____가 기도의 무릎을 드리고, 말과 일과 태도와 고통을 드리고 _____의 뜻과 생각까지도 모두 하나님께 드리는 영적 예배자가 되게 하소서.

예수님의 이름으로 기도합니다. 아멘.

엄마 아빠에게 전하는 아이의 속마음 편지

엄마, 아빠! 사람들을 무서워해야 하나요?

엘리베이터를 타고 아파트 로비로 내려가는 중이었어요.
10층에서 어떤 아저씨가 타시길래 인사를 드렸어요. 아저씨가 씩씩하게 인사 잘한다고 칭찬을 해주셨어요. 기분이 엄청 좋았어요, 엄마 손을 잡고 시장을 갔어요. 시장 안엔 사람들이 많았어요.
지나다니면서 다른 사람들의 몸과 부딪힐 정도로 사람들이 많더라구요.
엄마가 맛있는 과일값을 계산하는 동안, 저는 바로 옆에 생선가게에 좀 더 가까이 가서 생선 구경을 하고 있었어요. 생선가게 주인아저씨가 손에 쥔 사탕을 보여주며 안으로 들어오라고 하셨어요. 제가 좋아하던 무지개 색깔의 막대 사탕이었어요. 얼른 뛰어 들어가서 사탕을 받고 나오려고 하는데, 아저씨가 이것저것 질문을 하셨어요.

"너 몇 살이니? 집은 어디니? 시장엔 누구랑 왔니?"

한꺼번에 너무 많은 질문을 하셔서 하나하나 친절하게 대답을 해 드리고 있었어요.

갑자기 엄마가 저를 찾는 소리가 들렸어요, 생선 가게에서 나와 엄마를 찾았어요. 과일 가게에도 엄마가 없었어요. 방금 엄마가 내 이름을 불렀는데 엄마는 어느새 어디론가 사라지셨어요.

"엄마! 엄마! 흑흑..."

한참을 울며 엄마를 찾으러 다녔죠, 한참 후에 엄마를 만났어요. 엄마가 보자마자 제 엉덩이를 때리면서 화를 내셨어요.

"엄마나 아빠, 친척들 외에 낯선 사람들에겐 절대 인사하지 말고 따라가지도 말고 사탕을 줘도 받지 말라고 했어, 안 했어?"

엄마, 아빠의 말은 혼란스러울 때가 많아요. 이웃 사람들에게 인사를 잘하라고 하다가 낯선 사람은 인사도 하지 말고 따라가지 말라고 하시니, 이웃 사람은 누구이며 낯선 사람은 도대체 누구란 말인가요? 인사를 안 하면 안 한다고 혼내시면서 저보고 어떻게 하라는 건가요?

엄마가 들려주는 성경 동화

라헬은 하나님 한 분만 섬기지 못했어요

사랑하는 _____야!

라헬은 라반의 둘째 딸이며 레아의 동생이란다. 라헬은 외모가 아름다운 여자였단다. 야곱이 외삼촌 집으로 피신해 가던 중 라헬을 처음 만났을 때부터 라헬을 사랑할 만큼 아름다웠단다. 라헬은 명랑하고 쾌활했고 사교적이었으나 이기적이고 질투심도 많았단다.

야곱은 라반과 '7년 일하면 라헬과 결혼을 허락한다.'라는 약속을 믿고 7년을 일했어. 7년 노동이 전혀 지루하지 않게 느껴질 만큼 라헬을 사랑했단다. 하지만 라반에게 배신당하고 말았단다.

라반은 동생이 언니보다 먼저 결혼할 수 없다는 거짓말을 하면서 7년을 일해 달라고 했어.

어쩔 수 없이 7년을 더 일해주고 라헬과 결혼하였단다. 야곱의 두 번째 아내가 된 라헬은 남편을 독점하면서도 언니 레아를 불편하게 만든 여자였어.

세월이 흘러 라헬은 야곱과 함께 자기 고향 집을 떠날 때, 친정에서 우상 드라빔을 훔쳐 자기 몸에 숨겨가지고 나올 만큼 대단한 욕심쟁이였단다.

라헬은 이 드라빔을 하체에 숨겨 끝까지 아버지를 속이는데 성공하였어. 라헬은 외모는 아름다웠으나 하나님을 온전히 섬기지 못하고 우상을 겸하여 섬긴 혼합 신앙의 사람이며 욕심이 끝이 없는 사람이었어.

복된 _____야!
하나님은 하나님만 온전히 믿고 의지하는 사람을 사랑하신단다.

31 영·유아와 함께 드리는 기도(43개월)

신음소리에도 응답하여 주소서

찬송가 86장: 내가 늘 의지하는 예수   CCM : 약할 때 강함 되시네

"내 하나님이여 내 하나님이여 어찌 나를 버리셨나이까 어찌 나를 멀리 하여 돕지 아니하시오며 내 신음소리를 듣지 아니하시나이까"(시 22:1)

점점 더 복잡한 한글의 문법구조를 이해하게 하신 하나님!

_____가 문법적 규칙을 적용하여 동시에 한 단어 혹은 몇 개 단어를 사용할 수 있게 해 주시니 감사합니다. 또한, 반어법적 의도를 이해하기 시작하고 어려운 과제를 수행할 때 자신의 행동을 돕기 위해 혼잣말을 사용하게 하시니 감사합니다.

혼잣말은 자기 자극 행동 중의 하나로 누구에게나 볼 수 있는 행동이며, 책을 읽거나, 정보를 오랫동안 기억하거나, 혹은 신념을 확고히 하는 데에 도움이 된다고 합니다.

_____의 혼잣말도 듣고 계시는 하나님께서 말벗이 되어주시고, _____의 신음소리에도 응답하여 주소서.

_____가 밤낮 부르짖는 소리에 응답하여 주셔서 살아계셔서 보호하시는 하나님을 체험하게 하소서.

_____의 주인이신 하나님은, _____에게 직접적이고 현재적인 선물을 주시기를 기뻐하시고, 찾고 구하고 두드리는 자의 기도에 반드시 응답하시며, 이 땅에서도 하나님의 자녀로 천국을 맛보게 하시는 분이심을 깨닫게 하소서.

예수님의 이름으로 기도합니다. 아멘.

32 영·유아와 함께 드리는 기도(44개월)

말씀을 듣고 깨닫는 자가 되게 하소서

찬송가 80장: 천지에 있는 이름 중   CCM : 내게 있는 향유 옥합

"좋은 땅에 뿌려졌다는 것은 말씀을 듣고 깨닫는 자니 결실하여 어떤 것은 백 배, 어떤 것은 육십 배, 어떤 것은 삼십 배가 되느니라 하시더라"(마 13:23)

불분명한 메시지를 이해하기 위해 _____의 질문이 많아지게 하신 하나님!

성경 말씀을 듣고 하나님과 예수님에 관한 궁금증이 많아졌음을 감사드립니다. 화자와 청자의 연령과 성별에 따라 표현을 조정할 줄 아는 두뇌발달을 도와주심도 감사드립니다.

_____가 유치부 예배시간 혹은 가정 예배 드리는 시간에, 성전에서 하나님 말씀 듣는 것을 좋아하셨던 아이 예수님처럼, 하나님의 말씀을 듣고 깨닫는 복된 자녀가 되게 도와주소서.

_____가 좋은 땅이 되어 백 배, 육십 배, 삼십 배의 결실을 내어 하나님의 나라 확장에 쓰임 받는 믿음의 자녀 되게 도와주소서.

예수 그리스도가 성경에 계시된 것과 같으며, 그분은 말씀대로 역사하시는 신실하신 분이시라는 사실을 믿고 기대하고 기도하는 자녀가 되게 도와주소서.

하나님을 믿고 하나님의 말씀대로 순종하면, 하나님께서 반드시 하나님의 뜻대로 최선의 방법으로 인도하여 주시고 모든 일을 이루어 가심을 깨닫게 하소서.

예수님의 이름으로 기도합니다. 아멘.

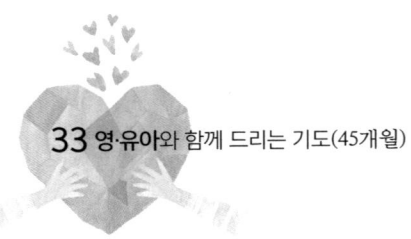

33 영·유아와 함께 드리는 기도(45개월)

이타적인 사람이 되게 하소서

찬송가 220장: 사랑하는 주님 앞에   CCM : 먼저 그 나라와 의를 구하라

"우리 각 사람이 이웃을 기쁘게 하되 선을 이루고 덕을 세우도록 할지니라"(롬 15:2)

협동놀이와 상호작용적 놀이가 증가하게 하신 하나님!

모든 아이들의 기본적인 인지, 감정 및 사회적 기술을 개발하는 데 중추적인 역할을 하는 협동놀이를 하게 하시니 감사합니다.

아이들의 놀이 중 가장 복잡한 협동놀이는, 공유, 협력, 역할 수행 및 의견 불일치 처리와 같은 사회적 규칙을 가르치는 데 중요한 놀이가 됩니다.

_____가 협동놀이를 통해 자신의 이익과 고집을 내려놓고 다른 사람들을 배려하고 존중하는 귀중한 삶의 기술을 잘 배워가게 도와주소서.

_____의 삶을 통해 일하시는 하나님의 신실하심과 인자하심을 날마다 발견하고 깨닫게 도와주소서.

하나님께서 다윗을 통해 일하신 것처럼, _____를 통해 일하여 주소서. 하나님의 따뜻한 보호하심과 다스리시고 개입하심을 통해 살아계신 하나님을 날마다 체험하게 도와주소서.

예수님의 이름으로 기도합니다. 아멘.

엄마 아빠에게 전하는 아이의 속마음 편지

엄마, 아빠! 깊은 뜻은 이해할 수 없어요

주일 학교 예배 시간에 기도드리다가 눈을 살짝 뜨고 주변을 살펴봤어요. 혹시나 기도 시간에 하나님께서 오셨나 하구요.
왜냐하면 전도사님께서 방금 기도하시면서 '이곳에 함께 계시는 우리 하나님'이라고 하셔서요.

제가 이제까지 배운 하나님은 우리 눈엔 보이지 않아도 살아계시는 하나님이라고 하셨는데, 갑자기 전도사님께서 우리 하나님이 이곳에 함께 계신다고 하셔서, 하나님께서 주일 학교 예배 시간에 우리를 만나러 오신 줄 알았어요.

마치 성탄절에 산타할아버지가 선물 주시러 오시는 것처럼요.
제가 하나님을 그렇게 기다리는 이유가 있거든요. 성탄절 산타할아버지의 선물을 기다리기엔 너무 지치니까, 하나님께서 산타할아버지 보다 더 일찍 오셔서 제가 갖고 싶어하는 로봇을 선물로 주실 수 있는지 하나님께 질문을 드리고 대답을 기다리던 중이었거든요.
아무리 눈을 뜨고 찾아봐도 하나님도 로봇도 보이지 않았어요. 오히려 선생님께 눈 뜨고 기도한다고 야단만 맞았어요.

예배 마치고 전도사님을 만나야겠어요. 이곳에 계시지도 않으시는 하나님을 이곳에 함께 계시는 우리 하나님! 이라고 거짓말 하신 전도사님께 기도는 거짓말을 섞어서 하면 안 된다고 말씀드려야겠네요. 아휴!! 성탄절까지 꾹 참고 착한 일 많이 하고 산타 할아버지 선물을 기다려야겠어요.

엄마가 들려주는 성경 동화

아나니아와 삽비라는 거짓말쟁이였어요

사랑하는 _____야!

"구브로에서 난 레위족 사람" 요셉이 있었는데, 바나바라는 별명으로 더 많이 알려진 사람이 있었어. 바나바는 자기 밭을 팔아 밭 판 값을 사도들의 발 앞에 가져와 헌금을 했단다.

바나바가 헌금을 하고 나니 사람들의 칭찬을 받고 주목을 받는 것을 질투하고 시기한 사람들이 생겼어. 바로 아나니아와 삽비라 부부였단다.

이 사람들도 '우리도 땅이 있으니 팔아서 헌금하자. 우리 땅을 팔아서 바나바보다 더 많이 헌금을 하면 사도들과 성도들이 우리에게 칭찬해 줄 것이다.'라고 생각하고 땅을 팔아 돈을 만들었단다.

그런데 아나니아와 삽비라가 땅 판 값의 일부를 감추었어. 전부 다 낸 게 아닌데 전부를 드린 것처럼 거짓말을 하고 말았단다. 아나니아가 거짓말을 하고 죽어나가자마자 들어온 삽비라도 거짓말을 하고 죽었어.

아나니아와 삽비라는 하나님을 경히 여긴 죄, 헌금을 바치는 일을 거짓되게 행한 죄, 허영심으로 저지른 죄, 외식한 죄 등을 지었단다.

복된 _____야!
하나님은 우리 마음을 다 알고 계신단다. 어떤 행동을 하든 하나님 앞에서 정직해야 하고 거짓이 없어야 해.

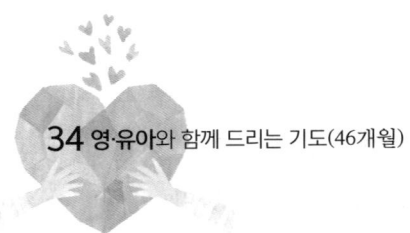

34 영·유아와 함께 드리는 기도(46개월)

참되신 하나님만 섬기게 하소서

찬송가 408장: 나 어느 곳에 있든지   CCM : 주의 사랑을 입어

진실과 거짓을 구별할 수 있게 하신 하나님!

우리 가정을 구원하여 주시고 _____를 태에서부터 지켜주시고 하나님의 자녀로 태어나서 자라게 하심을 감사드립니다.

이 땅에 거짓 이단과 우상들이 많지만 구원자 되신 하나님을 믿게 하시고 믿음의 가문으로 계승하여 주시니 감사합니다. 하나님의 살아계심을 믿는 믿음을 주시고 악한 마귀와 이단의 속임수에 빠지지 않게 도와주소서.

_____는 하나님께 예배드리는 일에 거짓을 행하거나 게으름을 피우지 않게 하소서.

이웃에 대하여 거짓 증거하지 않게 하소서. 하나님은 거짓이나 변개함이 없으심을 깨닫고 참되신 하나님만 바라보고 믿고 섬기게 도와주소서.

다윗이 하나님 앞에 앉아서 하나님의 임재 안으로 들어가서 하나님의 말씀을 알아차리고 자신의 계획 대신 하나님의 계획을 따르고 하나님을 위해 최선을 다해서 섬긴 것처럼, 참되신 하나님의 주권에 기쁘게 순종하는 _____로 자라게 하소서.

예수님의 이름으로 기도합니다. 아멘.

35 영·유아와 함께 드리는 기도(47개월)

공격의 말이 아니라 위로하는 말을 하게 하소서

찬송가 304장: 그 크신 하나님의 사랑   CCM : 그 이름

"또 미워하는 말로 나를 두르고 까닭 없이 나를 공격하였음이니이다"(시 109:3)

언어 발달과 사회성 발달을 도와주신 하나님!

_____에게 필요한 다방면의 성장 발달을 주셔서 감사합니다.

_____가 언어적 관계적 공격성이 증가하고 있습니다. 부모의 언어적 공격성 및 아동의 공격성은 또래 관계와 유의한 상관이 있는 것으로 나타난다고 합니다. 부모인 우리가 사용한 언어적 공격성을 회개합니다.

_____에게 사용하는 언어들이 어떠했는지 살펴보게 하시고 언어 사용에 대한 지혜를 허락하여 주소서.

악한 입과 거짓된 입을 열어 속이는 혀로 말하지 않게 도와주소서. 미워하는 말로 친구를 괴롭히며 까닭 없이 공격하지 않게 도와주소서.

어려운 이웃들을 향하여 말로 위로할 줄 아는 _____가 되게 하소서. 입을 열어 "하나님! 사랑해요." 고백하는 입술이 되게 하소서.

하나님을 믿고 하나님만 생각하고 하나님을 상상하고 하나님의 이름을 부르고 하나님께 기도하고 하나님을 가장 사랑하는 _____가 되게 하소서.

예수님의 이름으로 기도합니다. 아멘.

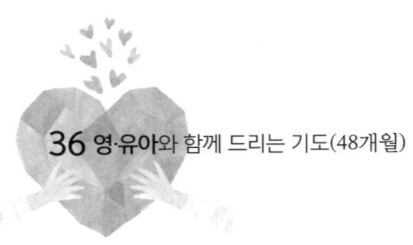

36 영·유아와 함께 드리는 기도(48개월)

자기조절 능력을 주소서

찬송가 211장: 값비싼 향유를 주께 드린   CCM : 주 내 아버지

"이기기를 다투는 자마다 모든 일에 절제하나니 그들은 썩을 승리자의 관을 얻고자 하되 우리는 썩지 아니할 것을 얻고자 하노라"(고전 9:25)

동성의 친구와 즐겁게 놀게 하시는 하나님!

_____가 유치원이나 놀이터에서 동성 친구들과 즐겁게 뛰어놀 수 있도록 지켜주셔서 감사합니다.

정서적 자기 조절 능력의 발달을 감사드립니다. _____에게 어떤 상황에서든지 자신의 생각을 절제하고 감정을 조절할 줄 아는 자기 조절 능력을 채워주소서.

자기조절 능력은 보호자의 양육 태도가 직접적인 영향을 미치고, 부모의 자기조절 능력이 아이의 자기조절 능력에도 영향을 미친다고 합니다.

부모인 우리가 _____의 양육행동 및 태도에 일관된 모습을 보이고 하나님 말씀을 기준으로 가르치게 도와주소서.

이 세상을 살아갈 때 두려워하는 마음이 아니라 하나님이 우리에게 주신 능력과 사랑과 절제하는 마음을 갖게 도와주소서. 나그네를 대접하고 선행을 좋아하고, 신중하고 의로우며 거룩하며 경건하며, 인내하고 절제할 줄 아는 하나님의 자녀 _____가 되게 하소서.

날마다 하나님의 영으로 충만하게 되어 악한 영은 떠나가고 하나님의 능력으로 충만하게 되어 모든 일에 절제하는 마음을 부어주소서.

예수님의 이름으로 기도합니다. 아멘.

엄마 아빠에게 전하는 아이의 속마음 편지

엄마, 아빠! 거짓말을 시키지 마세요

오늘은 토요일, 엄마가 친구들 만나러 외출하셨어요. 아빠랑 재미있게 놀다가 맛있는 라면을 먹기로 약속했어요.

사실은 엄마가 아빠한테 저랑 먹을 점심을 차려놨다고 같이 먹으라고 하셨는데, 아빠는 내가 제일 좋아하는 라면을 끓여주신다고 하셨어요. 아빠랑 블록으로 병원도 쌓고 큰 배도 만들면서 정말 많은 이야기도 나눴지요. 아빠 말씀의 핵심은 유치원에서 친구들이랑 사이좋게 놀아야 하고, 거짓말하는 사람은 아나니아와 삽비라처럼 벌을 받아 죽는다는 것이었어요.

저는 원래 거짓말을 하지 않기 때문에 '벌을 받아 죽는다'는 이야기에도 별로 두렵거나 무섭지 않았어요. 블록 정리를 마치고 아빠가 라면을 맛있게 끓여 오셔서 호호 불어가며 맛있게 먹었어요. 라면을 다 먹고 설거지를 마치신 아빠가 제게 한 가지 약속을 해야 한다고 제안하셨어요.

"엄마한테 절대 라면 먹었다는 이야기는 하면 안 돼. 혹시 엄마가 라면 먹었냐고 물으면 안 먹었다고 해."

아빠의 예상대로 엄마가 오셔서 라면 냄새가 난다면서 라면을 먹었는지 물어보셨어요. 하필, 제게요. 거짓말하기가 싫어서 아빠에게 도움을 요청하려고 찾았는데 아빠는 이미 어디론가 몸을 숨기셨더라구요. 심장이 콩닥콩닥 뛰었어요.

안 먹었다고 큰 소리로 대답하고 화장실로 도망갔어요.

무서웠어요. 저도 곧 아나니아와 삽비라처럼 벌을 받아 죽게 될 것 같았어요. 그런데 아빠는 거짓말을 하면 안 된다고 하셔놓고 제게는 거짓말을 하도록 하셨을까요? 하나님은 회개하면 용서해 주신다고 하셨으니까 일단 회개 기도부터 해야겠어요.

'거짓말 시킨 아빠, 정말 미워요.'

엄마가 들려주는 성경 동화

착한 바나바는 믿음과 성령으로 충만했어요

사랑하는 _____야!
사울이 하나님의 종으로서의 사역을 잘 감당할 수 있었던 것은 충실한 바나바 덕분이었단다.

바나바는 구브로 출신 레위인으로 요셉이라는 이름을 가졌지만 초대 교회 지도자중 한 사람이 된 후에 사도들이 바나바라는 이름을 지어주었어. 바나바는 착한 사람이고 성령과 믿음이 충만한 사람으로 알려져 있단다.

하나님께서 바나바를 크게 사용하신 이유는 자기에게 주어지는 사명을 말없이 충성스럽게 행한 사람이었기 때문이야.

사울이 회심하고 주님께로 돌아왔을 때 사울을 예루살렘 교회에 소개해 준 사람도 바로 바나바였어.

바나바는 사울에게 있는 재능과 은사, 그리고 능력을 발견하고 사울의 모든 능력을 발휘하도록 길을 열어준 사람이었어,

복된 _____야!
바나바처럼 자신이 맡은 일뿐만 아니라 다른 사람들에게도 하나님을 섬길 수 있는 길을 열어주는 사람을 하나님은 기뻐하신단다.

 **KEY POINT**

1. 간단한 모양을 쉽게 그릴 수 있어요.(만 3세)

2. 연필을 잘 잡을 수 있어요.(만 3세)

3. 원을 그릴 수 있어요.(만 3세)

4. 인형 옷을 입힐 수 있어요.(만 3세)

5. 가위로 종이를 자를 수 있어요.(만 3세)

6. 풀칠을 할 수 있어요.(만 3세)

7. 머리와 몸을 두 부분으로 나누어 사람을 그릴 수 있어요.(만 3세)

8. 옷의 단추를 채우고 풀 수 있어요.(만 3세)

9. 자기중심적 논리를 펴기 시작해요.(만 3세)

10. 사람과 상황에 맞는 감정을 나타내기 시작해요.(만 3세)

11. 낮잠이 더 이상 필요하지 않게 돼요.(만 3~4세)

12. 달리기, 던지기와 잡기, 두 발로 점프하기를 더 잘하게 돼요.(만 3~4세)

13. 세발자전거를 탈 수 있어요.(만 3~4세)

14. 혼자 먹을 수 있어요.(만 3~4세)

15. 뛰어넘기, 한 발 뛰기가 가능해져요.(만 3~4세)

16. 가위를 사용할 수 있어요.(만 3~4세)

17. 사람을 그릴 수 있게 돼요.(만 3~4세)

18. 친숙한 상황에서는 인과관계에 대한 기초적인 이해를 보이기 시작해요.
(만 3~4세)

19. 겉으로 보이는 것과 실재를 구별할 수 있어요.(만 3~4세)

20. 주의력이 증가해요.(만 3~4세)

21. 적은 수의 물체를 셀 수 있어요.(만 3~4세)

22. 기수를 이해할 수 있어요.(만 3~4세)

23. 어려운 과제를 수행할 때 자신의 행동을 돕기 위해 혼잣말을 사용해요.
(만 3~4세)

24. 점점 더 복잡한 문법구조를 이해해요.(만 3~4세)

25. 문법적 규칙을 적용하여 동시에 한 단어 혹은 몇 개 단어를 사용할 수 있어요.(만 3~4세)

26. 반어법적 의도를 이해하기 시작해요.(만 3~4세)

27. 불분명한 메시지를 이해하기 위해 다른 사람에게 질문해요.(만 3~4세)

28. 화자와 청자의 연령과 성에 따라 표현을 조정해요.(만 3~4세)

29. 협동놀이와 상호작용적 놀이가 증가하기 시작해요.(만 3~4세)

30. 진실과 거짓을 구별할 수 있어요.(만 3~4세)

31. 언어적, 관계적으로 공격성이 증가해요.(만 3~4세)

32. 이성친구보다 동성 놀이 친구를 좋아해요.(만 3~4세)

33. 정서적 자기조절 능력이 발달해요.(만 3~4세)

4장
영·유아 자녀와 함께 드리는
축복 기도문
(49~60개월)

37 영·유아와 함께 드리는 기도 (49개월)

연약함을 도우시는 하나님을 만나게 하소서

찬송가 493장: 하늘 가는 밝은 길이   CCM : 동행하시네

"이와같이 성령도 우리의 연약함을 도우시나니 우리는 마땅히 기도할 바를 알지 못하나 오직 성령이 말할 수 없는 탄식으로 우리를 위하여 친히 간구하시느니라"(롬 8:26)

간단한 도형과 선을 이용해 그림을 그릴 수 있게 도우신 하나님!

신발 끈을 구멍에 끼울 수 있으며 다양한 그릇에 물을 잘 따를 수 있을 만큼의 집중력과 침착함으로 일상생활을 하는 모습을 보니 감사가 넘쳐납니다.

자유자재로 선을 그리고 선을 이용해 그림을 그릴 줄 안다는 것은, _____의 소근육 발달이 이뤄졌다는 의미라고 합니다.

소근육이 발달되도록 인도하신 하나님께 감사드립니다.

_____가 생각한 것을 그림으로 맘껏 표현할 수 있도록 도와주소서.

가끔 그림 그리기를 싫어할지라도 그리기 싫어서가 아니라 잘못 그려서 속상하고 화가 나는 상태라는 것을 인지하고 _____의 감정을 잘 이해해 줄 수 있는 부모가 되게 도와주소서.

베드로처럼 실수하고 못난 사람이라고 기죽지 않고, 베드로가 예수님을 부인한 죄책감에서 벗어나서 예수님 안에 있는 베드로가 된 것처럼, 예수님 안에 있는 전도자가 되고 예수님 안에서 살아가는 _____가 되게 하소서.

예수님의 능력으로 말미암아 복음을 전하고 기쁨을 얻고 은혜를 누리는 놀라운 성령의 역사가 _____를 통해 일어나게 하소서.

예수님의 이름으로 기도합니다. 아멘.

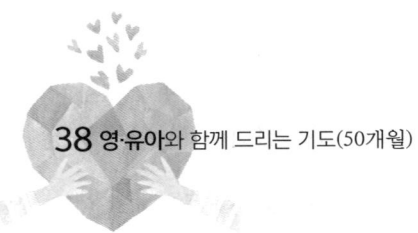

38 영·유아와 함께 드리는 기도(50개월)

혼자 하나님 앞에 앉게 하소서

찬송가 349장: 나는 예수 따라가는   CCM : 어둠을 찢으신 빛

"너희의 조상 아브라함과 너희를 낳은 사라를 생각하여 보라 아브라함이 혼자 있을 때에 내가 그를 부르고 그에게 복을 주어 창성하게 하였느니라"(사 51:2)

그려진 선을 따라 가위로 자를 수 있게 소근육의 힘을 기르신 하나님!

혼자 옷을 입고 얼굴을 닦을 수 있는 건강 주셔서 감사합니다. 능숙하지는 않지만 도구를 사용할 수 있는 지혜를 주심도 감사합니다.

_____가 혼자 옷을 입고 혼자 얼굴을 닦을 수 있을 만큼 성장하게 하신 하나님을 믿고 의지하는 복된 자녀로 자라게 도와주소서.

예수님께서 조용한 시간에 혼자 기도하셨던 것처럼, _____도 혼자 하나님 앞에 앉아 하나님을 만나는 시간을 규칙적으로 갖게 도와주소서.

하나님과 교제하며 하나님을 바라볼 때, _____의 삶에 드러나는 하나님의 영광이 점점 더 강해지고 _____는 하나님의 형상으로 변모되길 원합니다.

_____의 삶은 하나님의 초자연적인 은혜, 영광, 완전함, 아름다움과 의의 표현이 되게 하소서.

예수님 이름으로 기도합니다. 아멘.

39 영·유아와 함께 드리는 기도(51개월)

지혜자의 어른이 되게 하소서

찬송가 206장: 주 예수 귀한 말씀은   CCM : 짙은 고난에 지칠지라도

"왕이 이에 다니엘을 높여 귀한 선물을 많이 주며 그를 세워 바벨론 온 지방을 다스리게 하며 또 바벨론 모든 지혜자의 어른을 삼았으며"(단 2:48)

도움 없이 옷을 입고 신발 끈을 묶을 수 있도록 자라게 하신 하나님!

뇌가 성인 뇌의 90%가 되고 몸은 날씬해지고 두 다리가 길어져서 _____의 몸이 어른의 신체와 유사한 비율이 되게 하시고 첫 영구치가 나오게 하심도 감사합니다.

_____가 하나님의 지혜를 배우고 하나님의 겸손을 배우고 하나님의 지혜를 믿는 자녀로 자라게 도와주소서.

하나님의 지혜를 믿기 시작할 때 _____가 하나님의 능력을 옷 입게 하소서.

_____가 겸손한 마음과 배움의 자세로 하나님의 지혜를 믿고 따르게 하소서. 십자가의 은혜를 체험하고 살아내게 하시고, 가득 찬 자아를 비우고 십자가로 채우는 은혜가 넘치는 지혜자의 어른으로 삼아주소서.

다니엘처럼 온 지방을 다스리게 되고 이 땅 위의 모든 지혜자의 어른으로 삼아주소서. 하나님께만 쓰임 받는 지혜자의 어른으로 삼아주소서.

예수님의 이름으로 기도합니다. 아멘.

엄마 아빠에게 전하는 아이의 속마음 편지

엄마, 아빠! 가위질도 배우고 싶어요

가위로 종이를 오리는 게 정말 재미있어요. 그런데 엄마는 안전가위를 사용하는 나를 못 미더워 하시네요. 손이나 몸에 상처가 날 수도 있으니 조심해야 한다고 하시면서요. 그렇다면 저는 언제쯤 저 혼자 엄마 걱정 시키지 않고 가위질을 할 수 있을까요?

예쁜 종이 인형도 오려보고 싶고, 강아지도 그려서 오려보고 싶은데 엄마의 걱정 때문에 제 안에 숨어있는 창의성을 밖으로 끄집어 내지도 못한 채, 늘 엄마가 다 오려놓은 종이 인형만 가지고 놀아야 한다는 게 정말 싫어요.

두꺼운 종이, 색깔 종이, 긴 종이 등 다양한 종이를 가지고 마음껏 놀고 싶어요. 유치원 친구 ○○는 저보다 가위질을 훨씬 더 잘하더라구요. 비결을 물어보니 집에서 다양한 종이로 가위질을 많이 했다고 하더라구요. 안전 가위와 핑킹 가위로 다양한 모양을 오리게 되면, 손과 눈의 협응력도 길러지고 소근육 발달에도 도움이 된다는 것을 엄마는 아직 모르는 것일까요?

"엄마! 저도 이제 도구들을 조심해서 다룰 줄 아는 나이가 됐어요. 너무 걱정하지 마시고 제가 가위질을 어떻게 하는지 지켜봐 주세요."

엄마가 들려주는 성경 동화

오네시모는 복음으로 노예에서 해방되었어요

사랑하는 _____야!

오네시모는 노예였고 감옥에서 바울과 함께 있었던 사람이야. 바울은 빌레몬에게 편지를 써서 보냈단다.

종이었던 오네시모를 다시 받아줄 것을 권면하는 편지였어. 오네시모는 빌레몬의 종이었는데 주인의 돈을 훔쳐 도망했던 사람이었단다.

그러나 도망한 오네시모가 옥중에 있는 바울을 만나 그리스도를 영접하고 바울 곁에서 섬기는 사람이 되었어.

그런 그를 빌레몬에게 돌려보내면서 종이 아니라 주 안에서 한 형제로 대할 사람이라고 표현했단다. 바울은 또한 오네시모가 자신에게 유익한 사람이라고 편지에 썼단다.

오네시모가 바울을 대할 때, 종이 주인을 섬기는 마음과 태도로 잘 섬겼기 때문이라고 여겨진단다. 빌레몬은 바울의 부탁대로 오네시모를 즉시 바울에게로 돌려보내서 바울을 돕도록 했단다.

노예로 주인의 돈을 훔쳐 도망했던 오네시모가 복음의 능력으로 인해 노예에서 해방되고 하나님을 섬기는 그리스도인이 된 것은 오직 하나님의 능력으로만 가능한 일이란다.

복된 _____야!
복된 말씀을 주신 하나님의 능력 안에서는 불가능한 일이 없단다.

40 영·유아와 함께 드리는 기도(52개월)

하나님을 경외함이 무리 중에서 뛰어나게 하소서

찬송가 79장: 주 하나님 지으신 모든 세계   CCM : 예수 우리들의 밝은 빛

"내 아우 하나니와 영문의 관원 하나냐가 함께 예루살렘을 다스리게 하였는데 하나냐는 충성스러운 사람이요 하나님을 경외함이 무리 중에서 뛰어난 자라"(느 7:2)

이전보다 유연하게 사물을 뛰어넘을 수 있는 두 다리를 주신 하나님!

던지고 잡는 방식이 더 능숙해지고 속력을 내서 달릴 수 있게 하시고 발을 번갈아 가며 점프할 수 있게 도와주심도 감사합니다.
한 손으로 공을 던지고 받을 수 있고 두발자전거를 탈 수 있게 하시고 높이뛰기, 멀리뛰기를 할 수 있는 건강한 몸을 _____에게 주셔서 감사합니다.

_____는 사물을 쉽게 뛰어넘는 것처럼, 하나님을 경외함으로 어떤 상황이나 환경도 뛰어넘을 수 있는 기쁨으로 충만한 자녀 되게 도와주소서.

하나님을 경외함으로 환경과 상황의 한계, 성격의 한계, IQ의 한계, 건강의 한계를 뛰어넘을 수 있게 도와주셔서 무리 중에서 뛰어난 자 되게 하소서.

하나님을 경외함이 이 땅의 누구보다도 뛰어난 _____가 되게 도와주소서.

예수님의 이름으로 기도합니다. 아멘.

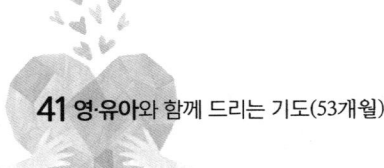

41 영·유아와 함께 드리는 기도(53개월)

하나님이 주신 달란트를 잘 사용하게 하소서

찬송가 597장: 이전에 주님을 내가 몰라   CCM : 주가 보이신 생명의 길

"각각 그 재능대로 한 사람에게는 금 다섯 달란트를, 한 사람에게는 두 달란트를, 한 사람에게는 한 달란트를 주고 떠났더니"(마 25:15)

복잡한 그림을 그릴 수 있고, 간단한 단어를 쓸 수 있게 하신 하나님!

롤러스케이트를 탈 수 있게 되고 한 발로 계단을 오르내릴 수 있는 건강을 _____에게 주셔서 감사합니다.

글자를 따라 쓸 수 있고 색종이를 똑바로 접을 수 있으며 크레파스, 색연필 등의 그리기 도구를 올바르게 사용할 수 있는 지혜를 주심도 감사합니다.

하나님께서 _____에게 주신 재능, 달란트를 발견하기 위해서, _____가 어떤 상황에서 즐겁고 행복해하는지 관심을 가지고 살펴볼 줄 아는 관심과 지혜를 주소서.

_____가 즐거워하는 일을 발견하면 지원해 줄 줄 아는 능력을 주시고 깊고 넓게 재능을 키워 줄 줄 아는 부모가 되게 하소서.

_____도 하나님의 뜻이 기록된 성경을 늘 읽고 묵상하며 하나님의 뜻을 발견하기에 힘쓰고 그 뜻에 따르기에 힘쓰는 자녀가 되게 도와주셔서 하나님께 칭찬 듣는 삶을 살게 하소서.

하나님께서 _____에게 주신 달란트는 무엇인지 기도하며 관심 있게 지켜보는 부모가 되게 하소서.

예수님의 이름으로 기도합니다. 아멘.

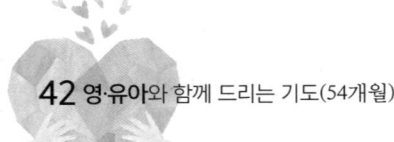

42 영·유아와 함께 드리는 기도(54개월)

하나님을 아는 지식이 확장되게 하소서

찬송가 266장: 주의 피로 이룬 샘물   CCM : 믿음에 믿음을 더하여

"주께 합당하게 행하여 범사에 기쁘시게 하고 모든 선한 일에 열매를 맺게 하시며 하나님을 아는 것에 자라게 하시고"(골 1:10)

외양과 실재를 구별하는 능력이 많이 발달하게 하신 하나님!

_____가 회상하는 능력과 자서전적 기억력이 발달하고 주의력과 계획 능력이 발달하게 하시니 감사합니다.

지식이 확장되고 기억력이 발달하고 표현할 수 있는 어휘가 약 1만 단어가 된 것과 복잡한 문법적 형식을 사용해서 표현하게 하시니 감사합니다.

_____가 자라나면서 더욱더 하나님을 아는 지식이 확장되게 하소서. 그리하여 하나님을 위한 엄청난 열정을 갖게 하시고, 하나님에 대한 위대한 생각을 품게 하시고, 하나님 앞에서 더욱 겸손하고 하나님만 의존하며 경외하고 순종하게 하소서.

또한 믿지 않는 자들에게 하나님을 향한 담대함을 부끄럼 없이 드러내게 하시고 하나님께 충성하기 위해 결과와 상관없이 담대하게 순종하는 용기를 주소서.

하나님 안에서만 참 만족을 얻게 하시고 _____는 하나님의 사랑받는 자녀라는 확신에서 오는 평화와 만족감으로 살게 하소서.

예수님의 이름으로 기도합니다. 아멘.

엄마 아빠에게 전하는 아이의 속마음 편지

엄마, 아빠! 한글을 먼저 잘 배우고 싶어요

내가 사랑하는 나라, 대한민국의 언어가 한글인 것을 이제 잘 알아요. '가나다라마바사' 노래도 부를 수 있어요.
아참, '가나다라마바사' 글자도 쓸 수 있어요. 그 정도쯤은 이제 눈감고도 쓸 수 있답니다.

그런데 저는 이제 겨우 한글의 자음 모음 정도 쓸 수 있게 됐는데, 엄마는 영어를 가르치려고 하시네요. 'ABCDEFG' 이건 어느 나라 글자인가요?

저는 세종대왕님께서 만드신 한글을 배우기에도 너무 힘들고 지치는데, 미국이라는 나라의 꼬부랑 글자를 배워야 한다니, 이유가 뭘까요?

글쎄, 며칠 전에 우리 집에 유치원 친구 ○○가 엄마랑 놀러 왔어요.

무슨 이야기를 나누고 가셨는지 모르지만, 암튼 ○○가 엄마랑 집으로 가자마자 엄마는 무슨 말인지 알아듣지도 못하는 애니메이션을 보여주셨고 저는 그날부터 하루종일 쉘라쉘라 소리를 들으며 지내게 됐답니다.

"엄마, 부탁이 있는데요, 저는 한글부터 제대로 배우고 싶어요. 제발 너무 많은 것을 가르치려고 하지 말아주세요."

엄마가 들려주는 성경 동화

바디메오는 오직 믿음으로 고침받았어요

사랑하는 _____야!

예수님은 사역 기간 중에 육체적인 고통을 당하는 자들뿐 아니라 영적으로 고통 받는 수많은 사람들까지 모두 고쳐주시고 완전하게 하셨단다.

그러나 고침 받은 사람들 중에 이름이 알려진 사람은 극소수에 불과하단다. 그중 대표적 인물이 바디메오란다. 바디메오는 소경 거지였단다.

예수님께서 생애 마지막 유월절을 지키시려고 예루살렘으로 올라가실 때 만나게 되었단다. 평소에 바디메오도 예수님에 관해서 많은 이야기를 들어서 예수님께서 장애인들과 병자들을 고쳐주신다고 알고 있었어.
예수님이시라면 자신의 눈도 낫게 하실 수 있다는 믿음을 가지고 있었던 거야. 마침 예수님께서 지나가시는데 앞이 보이지 않는 자신의 힘으로는 예수님께 나아갈 수가 없다는 사실을 깨닫고 소리를 지르기 시작했어.

"다윗의 자손 예수여, 나를 불쌍히 여기소서." 라고 소리를 질렀단다. 사람들은 조용히 하라고 꾸짖었으나 예수님은 발길을 멈추시고 그를 불러오라고 하셨어. 그리고 보기를 원하는 바디메오의 믿음을 보시고 즉시 고쳐주셨단다.

복된 _____야!
예수님은 간절하게 부르짖는 바디메오의 믿음을 보시고 고쳐주셨다는 사실을 잊지 말고, 어떤 어려움을 만나든지 믿음으로 기도하면 해결해 주신단다.

43 영·유아와 함께 드리는 기도(55개월)

말씀대로 즐겨 순종하게 하소서

찬송가 20장: 큰 영광 중에 계신 주   CCM : 오직 예수 뿐이네

"너희가 즐겨 순종하면 땅의 아름다운 소산을 먹을 것이요"(사 1:19)

글자와 소리가 서로 체계적인 관련성을 가짐을 이해하게 하신 하나님!

_____가 타인의 정서적 반응을 해석하고 예측하는 능력이 발달되게 하시고 도덕적 규칙에 따른 행동을 획득하게 하시니 감사합니다. _____에게 나타나는 긍정적인 대인 감정과 대인 행동인 기쁨, 자긍심, 사랑과 애정, 안도감은 향상되게 하시고 부정적인 대인 감정과 대인 행동인 분노와 불안과 공포, 수치심과 죄책감, 혐오감과 시기 질투하는 마음들은 다스려 주소서.

다른 사람들의 정서적 반응을 해석하고 예측하되 배타적인 아이가 아니라 이타적인 _____로 자라게 도와주소서.

_____가 다른 사람의 입장에 대해 생각해보는 경험을 통해 타인의 입장을 배려하는 _____로 성장하게 도와주소서.

어느 곳에서든지 정해진 규칙을 즐겁게 따르는 _____가 되게 하소서.

하나님의 지시에 따라 방주를 만든 노아, 하나님의 명령을 좇아 본토, 친척, 아비 집을 떠나 가나안 땅으로 이주한 아브라함, 모세, 여호수아, 갈렙, 기드온, 다윗, 요나 외의 수많은 성경의 인물들처럼 말씀대로 순종하는 _____가 되게 하소서.

예수님의 이름으로 기도합니다. 아멘.

44 영·유아와 함께 드리는 기도(56개월)

모든 문제를 하나님께 가져가게 하소서

찬송가 499장: 흑암에 사는 백성들을 보라   CCM : 전능하신 나의 주 하나님은

"우리가 일어나 벧엘로 올라가자 내 환난 날에 내게 응답하시며 내가 가는 길에서 나와 함께 하신 하나님께 내가 거기서 제단을 쌓으려 하노라 하매"(창 35:3)

사회적 문제 해결 능력이 발달하게 하신 하나님!

_____가 동성의 놀이 친구에 대한 선호가 더욱 강해지고 친구들과 사이좋게 놀게 하시니 감사합니다.

하나님은 인생을 살아갈 수 있는 여러 가지 훈련을 시키시며, 전능하신 하나님께서 모든 상황을 통해 _____를 어떻게 준비시키시고 사용하실지를 기대할 수 있는 눈을 갖게 하소서.

문제 앞에서 당황하거나 놀라거나 두려워하지 않고, 하나님께 가져가게 도와주소서.

날마다 모든 문제와 함께 하시는 하나님을 믿고 의지하고 나아가는 _____가 되게 하소서.

어둠과 죽음 앞에서도 빛이 되시고 영원한 생명이시며 참 평안으로 인도하여 주시는 하나님만 바라보게 하소서.

예수님의 이름으로 기도합니다. 아멘.

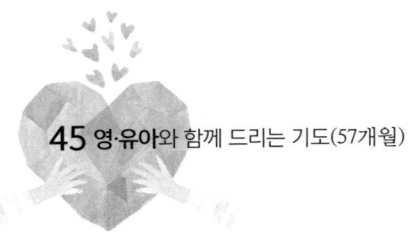

45 영·유아와 함께 드리는 기도(57개월)

교회 공동체 모임을 즐거워하게 하소서

찬송가 70장: 피난처 있으니   CCM : 시선

"두 세 사람이 내 이름으로 모인 곳에는 나도 그들 중에 있느니라"(마 18:20)

성 유형화된 신념과 행동이 계속해서 증가하게 하신 하나님!

_____가 성취나 경쟁적인 욕구가 충족된 일에 만족하게 하시고, 집단 활동에 대한 즐거움이 증가되고 교회 공동체 예배와 모임을 즐거워하게 하시니 감사합니다.

크리소스톰은 "교회를 어머니로 삼지 않은 자는 하나님을 아버지라 부를 수 없다."고 말했으며, 루터는 "누구든지 그리스도를 찾고자 하면 교회를 찾으라."고 주장했다고 합니다.

교회를 통하여 복음을 듣고 진리를 배우고 깨달아 그리스도를 믿고 구원 받은 _____가 교회를 소중히 여기고 공동체 모임을 즐거워하게 도와주소서.

모이기를 폐하는 어떤 사람들의 습관과 같이 하지 말고 오직 권하여 그날이 가까움을 볼수록 더욱 그리하자고 말씀하신 것처럼 _____가 교회를 사랑하고 섬기게 하소서.

두세 사람이 하나님의 이름으로 모인 곳에는 하나님께서도 그 가운데 함께 하심을 믿고 어디서나 기도하는 _____로 자라게 하소서.

예수님의 이름으로 기도합니다. 아멘.

엄마 아빠에게 전하는 아이의 속마음 편지

엄마, 아빠! 배운 대로 실천하고 싶어요

엄마랑 제가 횡단보도에 서서 신호등의 색깔이 초록색으로 바뀌길 기다렸어요. 그때 마침 횡단보도 건너편에 아빠 차가 와서 서고 아빠가 창문을 내리고 손을 흔들었어요. 저도 반가워서 아빠를 향해 손을 흔들어드렸죠.

그런데 엄마가 갑자기 제 손을 이끌고 횡단보도 위를 달리기 시작했어요. 엄마 손을 뿌리치며 제가 소리를 쳤어요.

"엄마! 지금은 빨간 불이에요. 초록 불일 때 건너가야 해요. 규칙을 지켜야 해요."

다시 저는 엄마의 손에 붙잡혀 끌려갔어요. 횡단보도 다 끝날 즈음에 초록 불이 됐어요. 아빠 차에 올라타서 제가 엄마에게 한 말씀 드렸어요.

"엄마는 집안에서 엄마가 정해놓은 규칙은 무슨 일이 있어도 꼭 지켜야 한다고 하면서, 왜 집 밖에서 지켜야 하는 규칙은 무시하는거예요? 저도 이제 집안에서 엄마가 정해놓은 규칙은 무시할래요. 규칙을 무시하는 엄마가 창피해요."

엄마가 들려주는 성경 동화

베드로는 3번이나 부인했어요

사랑하는 _____야!

공회원들이 예수님을 심문한 곳은 대제사장 관저 바로 앞뜰이란다. 베드로는 가까이 가지도 못하고 아래 뜰에 멀찍이 서서 다른 하인들과 함께 모닥불을 쬐고 있었어.

그때 문을 지키던 대제사장의 여종 하나가 다가와서 베드로를 자세히 살펴보더니 주변 사람들에게 소리쳤단다.

"여러분들! 여기 이 사람을 보세요. 이 사람은 예수와 함께 있었던 사람이에요."

그 여종도 예수님의 가르침을 들은 적이 있었고 예수님과 함께 있던 베드로도 본 적이 있었던 거야. 베드로는 입장이 난처해졌어. 거기 모여 있던 군인들과 하인들이 모두 베드로를 쳐다보고 있었으니까. 그 여종이 무슨 말을 하는지 모르겠다고 시치미를 떼고 그 자리를 피해서 바깥쪽에 있는 앞뜰로 나갔어. 그때 다른 여종 하나가 베드로를 보고 말했어.

"이 사람은 그 도당이에요."

베드로는 결국 다시 거짓말을 하고 말았어. 아주 심한 거짓말을 하고 말았단다.

시간이 한참 흐르고 또 다른 사람들이 같은 도당이라고 몰아갔어. 끝내 베드로는 예수님 말씀처럼 세 번째 부인을 하게 되었어. 세 번째 부인하는 말이 입에서 떨어지자마자 닭이 두 번째 울었어.

하나님께서는 베드로를 회개하도록 하시려고 닭을 준비해 두셨단다. 베드로는 닭 울음소리를 듣자 예수님이 하신 말씀이 생각나서 통곡했단다.

복된 _____야!
하나님께서 회개하도록 인도하실 때 바로 회개하는 사람이 복 있는 사람이란다.

46 영·유아와 함께 드리는 기도(58개월)

그리스도의 장성한 분량이
충만한 데까지 이르게 하소서

찬송가 92장: 위에 계신 나의 친구   CCM : 겸손

"우리가 다 하나님의 아들을 믿는 것과 아는 일에 하나가 되어 온전한 사람을 이루어 그리스도의 장성한 분량이 충만한 데까지 이르리니"(엡 4:13)

8000~14,000개 정도의 단어를 알게 하신 하나님!

_____의 어휘력이 향상되게 하시고 성인처럼 걸을 수 있게 하시니 감사합니다. _____가 하나님의 아들을 믿는 믿음과 아는 일에 하나가 되고 온전한 사람이 되어 그리스도의 충만하심의 경지까지 이르는 성숙한 성도로 자라게 도와주소서.

_____가 그리스도인으로서 지향해야 할 목표가 무엇인지 깨닫게 하시고, 그리스도의 장성한 분량에까지 이르게 도와주소서.

그리스도를 닮아가기 위해 힘쓰게 하시고, 자기를 부인하고 하나님의 형상의 온전한 모습인 그리스도를 닮아가는 _____가 되게 하소서.

_____ 속에 그리스도의 형상이 이루기까지 하나님께서 늘 동행하여 주소서.

예수님께서 십자가를 지시고 자기를 비워 종의 형체를 취하기까지 그 자신이 낮아지신 것처럼, 버림받고 부정당하고 십자가에 달리기까지 죄인 취급을 받게 되는 그 자리가 바로 _____ 자리인 것을 깨닫게 하소서.

_____는 죽고 오직 그리스도 예수 안에서만 살아가게 하소서.

예수님의 이름으로 기도합니다. 아멘.

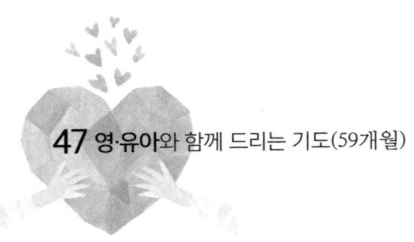

47 영·유아와 함께 드리는 기도(59개월)

하나님이 귀히 쓰시는 그릇되게 하소서

찬송가 565장 : 예수께로 가면   CCM : 믿음이 없이는

"그러므로 누구든지 이런 것에서 자기를 깨끗하게 하면 귀히 쓰는 그릇이 되어 거룩하고 주인의 쓰심에 합당하며 모든 선한 일에 준비함이 되리라"(딤후 2:21)

혼자 신발 끈을 묶고 옷을 여밀 수 있게 하신 하나님!

_____가 도구를 사용해서 빵에 버터나 잼을 바를 수 있게 하시니 감사합니다.

_____가 큰 그릇이 되든 작은 그릇이 되든, 나무 그릇이 되든 질그릇이 되든, 보배를 가진 그릇으로 하나님께서 귀히 쓰시는 그릇이 되어 쓰심에 합당하여 선한 일에 준비함이 되게 하소서.

심히 큰 능력은 하나님께만 있고 _____에게는 없다는 사실을 기억하고 겸손하게 하소서.

토기장이이신 하나님께서 어떤 그릇으로 만들어 사용하시든 맡기신 일에 최선을 다하는 _____가 되게 도와주소서.

어거스틴이 세상 정욕에 사로잡혀 있을 때는 더러운 그릇이 되어 하나님께 쓰임 받지 못했으나 죄를 회개하고 모든 정욕을 버리고 정결한 사람이 되었을 때는 하나님께서 귀한 그릇으로 사용하신 것을 기억하게 하소서.

하나님께 쓰임 받기 위해 자신을 늘 돌아보고 회개하며, 정결하고 겸손하고 정직한 _____가 되게 도와주소서.

예수님의 이름으로 기도합니다. 아멘.

48 영·유아와 함께 드리는 기도(60개월)

하나님께 묻고 대답하게 하소서

찬송가 83장: 나의 맘에 근심 구름   CCM : 하나님의 부르심

"나팔 소리가 점점 커질 때에 모세가 말한즉 하나님이 음성으로 대답하시더라"(출 19:19)

간단한 글을 쓸 줄 알게 하신 하나님!

_____가 타인을 위한 행동을 하게 하시니 감사합니다.

_____가 말꼬리를 물고 말대답을 하기 시작합니다.
말대답은 _____의 생각 주머니가 발달하고 똑똑해졌다는 증거라고 합니다. 기분 나빠하거나 부정적으로 생각하지 말고 끝까지 경청하는 인내심과 이해심을 허락하여 주소서.

또한 잘난 척은 자의식이 엄청나게 발달하고 스스로 하는 것이 많아짐에 따라 자신이 최고라고 생각하는 데서 비롯된다고 합니다. 잘난 척 하더라도 가정에서만큼은 더 긍정적으로 받아 줄 수 있는 지혜를 허락하소서.

_____의 부정적인 말대답은 멈추게 하시고, 긍정적인 말대답은 부모로부터 하나님께로 향하게 도와주소서. 하나님께만 묻고 하나님께서 주시는 대답에만 귀기울이게 하소서.

하나님께서 사무엘을 부르실 때 사무엘이 '내가 여기 있나이다.'라고 반응한 것처럼, 하나님의 부르심에 즉각 대답하고 순종하게 하소서. 어떤 결정을 내려야 할 때는 사람들의 말에 귀기울이지 않고 하나님께 먼저 달려가서 하나님의 말씀을 듣는 _____로 자라게 하소서.

예수님의 이름으로 기도합니다. 아멘.

> 아이가 엄마에게...

엄마 아빠에게 전하는 아이의 속마음 편지

엄마, 아빠! 제 마음을 받아주세요

주말 아침, 오늘은 엄마 아빠를 위해 샌드위치를 준비하려고 해요. 아직 두 분 모두 주무시고 계시거든요. 깜짝 이벤트를 준비하려구요. 식빵이랑 딸기잼, 땅콩잼, 숟가락을 챙겨들고 식탁에 앉았어요. 샌드위치를 담을 넓은 접시도 필요하네요.

보들보들한 식빵에 엄마 아빠가 좋아하는 딸기잼이랑 땅콩잼을 반반 섞어 넣었어요. 참 치즈가 빠졌군요. 치즈까지 넣고 보니 보기만 해도 먹음직스럽네요. 하하.

드디어 엄마 아빠가 거실로 나오셨어요. 칭찬이 마구 쏟아지겠지요?
하지만 칭찬받고 고래처럼 춤을 추진 않을 거예요. 허세를 조금 장착하고 침착하게 칭찬을 받을래요. 저도 이런 일쯤이야 잘할 수 있다고 말씀드리려구요.

순간 제 심장이 쿵! 하고 내려앉았어요. 엄마 아빠가 인상을 쓴 채 저를 쳐다보고 있었어요. 아니 저를 한번 쳐다보시고는 난장판이 된 식탁 위를 보시면서 엄마가 소리를 지르셨어요.
"너, 이거 무슨 짓이야? 응? 식탁을 엉망으로 해놓고, 왜 시키지도 않은 일을 한 거야? 누가 너보고 샌드위치 먹고 싶다고 말한 적 있어? 제발 시키지 않은 일은 하지 말고 네 할 일이나 해. 네겐 공부가 가장 중요한 네 일이야."
늘 제겐 과정이 중요하고 마음가짐이 중요하니, 결과에 신경 쓰지 말고 최선을 다하면 된다고 하시더니, 늘 말뿐인 우리 엄마, 아빠! 어떤 말씀에 장단을 맞춰드려야 할지 도통 알 수가 없네요.

엄마가 들려주는 성경 동화

아간은 도둑질을 했어요

사랑하는 _____야!
이스라엘 백성이 출애굽을 한 후에 광야에서 40년을 보내고 가나안 땅으로 입성할 때였어.
모압 평지에서 가나안 땅으로 입성하기 위해서 요단강을 건너고 처음 만나게 된 성은 여리고 성이란다.

견고한 여리고 성 앞에서 이스라엘 백성들은 하나님이 지시한 방법대로 순종하여 여리고 성을 무너뜨리게 되었어. 그리고 나서 두 번째 만난 성은 아주 작은 아이라는 성이란다.

여리고성을 무너뜨린 이스라엘 백성들은 자신만만해져서 아이성을 쉽게 생각했던 거야.

이미 그들은 하나님의 놀라운 능력을 체험했기 때문에 아이 성도 쉽게 무너뜨릴 거라고 생각했단다.

그런데 문제가 발생했어. 여리고 성을 무너뜨린 승리의 기쁨과 함께 전리품이 쌓이기 시작했어. 모두가 기쁨의 축제를 누리고 있을 때, 다른 마음을 품고 있는 사람이 있었어.

바로 그 사람은 아간이야.

아간은 전리품 중에 시날산 외투와 은, 금을 취해서 자신의 장막에 숨겨두었단다. 아간은 하나님의 언약을 어기고, 도둑질을 하였고 형제들과 하나님을 속인 죄를 짓고 말았단다.

복된 _____야!
탐욕에 눈이 어두워져 물건을 훔친 것은 하나님을 속인 큰 죄가 된단다.

 **KEY POINT**

1. 간단한 도형과 선을 이용해 그림을 그릴 수 있어요.(만 4세)
2. 신발 끈을 구멍에 끼울 수 있어요.(만 4세)
3. 다양한 그릇에 물을 잘 따를 수 있어요.(만 4세)
4. 그려진 선을 따라 가위로 자를 수 있어요.(만 4세)
5. 혼자 옷을 입을 수 있어요.(만 4세)
6. 얼굴을 닦을 수 있어요.(만 4세)
7. 능숙하지는 않지만 가위로 자를 수 있어요.(만 4세)
8. 도움 없이 옷을 입고 신발 끈을 묶을 수 있어요.(만 5세)
9. 뇌가 성인 뇌의 90%가 돼요.(만 5-6세)
10. 몸은 날씬해지고 두 다리가 길어져서 어른의 신체와 유사한 비율이 돼요.(만 5-6세)
11. 첫 영구치가 나와요.(만 5-6세)
12. 이전보다 유연하게 사물을 뛰어 넘을 수 있어요.(만 5-6세)
13. 던지고 잡는 방식이 더 능숙해져 가요.(만 5-6세)
14. 속력을 내서 달릴 수 있어요.(만 5-6세)
15. 발을 번갈아 가며 점프 할 수 있어요.(만 5-6세)
16. 한 손으로 공을 던지고 받을 수 있어요.(만 5-6세)
17. 두발자전거를 탈 수 있어요.(만 5-6세)
18. 높이뛰기, 멀리뛰기를 할 수 있어요.(만 5-6세)
19. 롤러스케이트를 탈 수 있어요.(만 5-6세)

20. 한 발로 계단을 오르내릴 수 있어요.(만 5-6세)

21. 복잡한 그림을 그릴 수 있고, 간단한 단어를 쓸 수 있게 돼요.(만 5-6세)

22. 글자를 따라 쓸 수 있어요.(만 5-6세)

23. 색종이를 똑바로 접을 수 있어요.(만 5-6세)

24. 크레파스, 색연필 등의 그리기 도구를 올바르게 사용할 수 있어요.(만 5-6세)

25. 외양과 실재를 구별하는 능력이 많이 발달해요.(만 5-6세)

26. 회상하는 능력과 자서전적 기억력이 발달해요.(만 5-6세)

27. 주의력과 계획 능력이 계속 발달해요.(만 5-6세)

28. 지식이 확장되고 기억력이 더 발달해요.(만 5-6세)

29. 6세 경에는 표현할 수 있는 어휘가 약 1만 단어가 돼요.(만 5-6세)

30. 복잡한 문법적 형식을 사용해서 표현해요.(만 5-6세)

31. 글자와 소리가 서로 체계적인 관련성을 가짐을 이해하게 돼요.(만 5-6세)

32. 타인의 정서적 반응을 해석하고 예측하는 능력이 발달돼요.(만 5-6세)

33. 도덕적 규칙에 따른 행동을 획득하게 돼요.(만 5-6세)

34. 사회적 문제 해결 능력이 발달해요.(만 5-6세)

35. 동성의 놀이 친구에 대한 선호가 더욱 강해져요.(만 5-6세)

36. 성 유형화된 신념과 행동이 계속해서 증가해요.(만 5-6세)

37. 성취나 경쟁적인 욕구가 충족된 일에 만족해요.(만 5-6세)

38. 집단 활동에 대한 즐거움이 증가해요.(만 5-6세)

39. 39.8000~14.000개 정도의 단어를 알아요.(만 6세)

40. 성인처럼 걸을 수 있어요.(만 6세)

41. 신발 끈을 묶고 옷을 여밀 수 있어요.(만 6세)

42. 도구를 사용해서 빵에 버터나 잼을 바를 수 있어요.(만 6세)

43. 간단한 글을 써 보려고 해요.(만 6세)

44. 말대답을 하기 시작해요.(만 6세)

45. 잘난 척을 해요.(만 6세)

46. 타인을 위한 행동을 많이 해요.(만 6세)

부록
상황별 성경말씀

1. 독박 육아로 힘들 때

"모세의 팔이 피곤하매 그들이 돌을 가져다가 모세의 아래에 놓아 그가 그 위에 앉게 하고 아론과 훌이 한 사람은 이쪽에서, 한 사람은 저쪽에서 모세의 손을 붙들어 올렸더니 그 손이 해가 지도록 내려오지 아니한지라"(출 17:12)

"나의 영혼이 주의 구원을 사모하기에 피곤하오나 나는 주의 말씀을 바라나이다"(시 119:81)

"여호와여 속히 내게 응답하소서 내 영이 피곤하니이다 주의 얼굴을 내게서 숨기지 마소서 내가 무덤에 내려가는 자 같을까 두려워하나이다"(시 143:7)

"모든 만물이 피곤하다는 것을 사람이 말로 다 말할 수는 없나니 눈은 보아도 족함이 없고 귀는 들어도 가득 차지 아니하도다"(전 1:8)

"너는 알지 못하였느냐 듣지 못하였느냐 영원하신 하나님 여호와, 땅 끝까지 창조하신 이는 피곤하지 않으시며 곤비하지 않으시며 명철이 한이 없으시며"(사 40:28)

"소년이라도 피곤하며 곤비하며 장정이라도 넘어지며 쓰러지되 오직 여호와를 앙망하는 자는 새 힘을 얻으리니 독수리가 날개 치며 올라감 같을 것이요 달음박질하여도 곤비하지 아니하겠고 걸어가도 피곤하지 아니하리로다"(사 40:30, 31)

"너희가 피곤하여 낙심하지 않기 위하여 죄인들이 이같이 자기에게 거역한 일을 참으신 이를 생각하라"(히 12:3)

2. 일과 육아로 마음이 지칠 때

"여호와는 마음이 상한 자를 가까이 하시고 충심으로 통회하는 자를 구원하시는도다"(시 34:18)

"하나님께서 구하시는 제사는 상한 심령이라 하나님이여 상하고 통회하는 마음을 주께서 멸시하지 아니하시리이다"(시 51:17)

"상한 갈대를 꺾지 아니하며 꺼져가는 등불을 끄지 아니하고 진실로 정의를 시행할 것이며"(사 42:3)

"주 여호와의 영이 내게 내리셨으니 이는 여호와께서 내게 기름을 부으사 가난한 자에게 아름다운 소식을 전하게 하려 하심이라 나를 보내사 마음이 상한 자를 고치며 포로된 자에게 자유를, 갇힌 자에게 놓임을 선포하며"(사 61:1)

"그 잃어버린 자를 내가 찾으며 쫓기는 자를 내가 돌아오게 하며 상한 자를 내가 싸매 주며 병든 자를 내가 강하게 하려니와 살진 자와 강한 자는 내가 없애고 정의대로 그것들을 먹이리라"(겔 34:16)

"여호와여 나의 발이 미끄러진다고 말할 때에 주의 인자하심이 나를 붙드셨사오며 내 속에 근심이 많을 때에 주의 위안이 내 영혼을 즐겁게 하시나이다"(시 94:18~19)

"지존자의 은밀한 곳에 거주하며 전능자의 그늘 아래에 사는 자여, 나는 여호와를 향하여 말하기를 그는 나의 피난처요 나의 요새요 내가 의뢰하는 하나님이라 하리니"(시 91:1~2)

"보라, 하나님은 나의 구원이시라. 내가 의뢰하고 두려움이 없으리니, 주 여호와는 나의 힘이시며 나의 노래시며 나의 구원이심이라. 그러므로 너희가 기쁨으로 구원의 우물들에서 물을 길으리로다"(사 12:2~3)

3. 대화상대가 없어 외로울 때

"내가 강림하여 거기서 너와 말하고 네게 임한 영을 그들에게도 임하게 하리니 그들이 너와 함께 백성의 짐을 담당하고 너 혼자 담당하지 아니하리라"(민 11:17)

"주께서는 보셨나이다 주는 재앙과 원한을 감찰하시고 주의 손으로 갚으려 하시오니 외로운 자가 주를 의지하나이다 주는 벌써부터 고아를 도우시는 이시니이다"(시 10:14)

"하나님이 고독한 자들은 가족과 함께 살게 하시며 갇힌 자들은 이끌어 내사 형통하게 하시느니라 오직 거역하는 자들의 거처는 메마른 땅이로다"(시 68:6)

"너희의 조상 아브라함과 너희를 낳은 사라를 생각하여 보라 아브라함이 혼자 있을 때에 내가 그를 부르고 그에게 복을 주어 창성하게 하였느니라"(사 51;2)

"무리를 보내신 후에 기도하러 따로 산에 올라가시니라 저물매 거기 혼자 계시더니"(마 14;23)
"만일 내가 판단하여도 내 판단이 참되니 이는 내가 혼자 있는 것이 아니요 나를 보내신 이가 나와 함께 계심이라"(요 8:16)

"나를 보내신 이가 나와 함께 하시도다 나는 항상 그가 기뻐하시는 일을 행하므로 나를 혼자 두지 아니하셨느니라"(요 8:29)

"보라 너희가 다 각각 제 곳으로 흩어지고 나를 혼자 둘 때가 오나니 벌써 왔도다 그러나 내가 혼자 있는 것이 아니라 아버지께서 나와 함께 계시느니라"(요 16:32)

4. 아이가 아플 때

"그리하면 네 빛이 새벽 같이 비칠 것이며 네 치유가 급속할 것이며 네 공의가 네 앞에 행하고 여호와의 영광이 네 뒤에 호위하리니"(사 58:8)

"아브라함이 하나님께 기도하매 하나님이 아비멜렉과 그의 아내와 여종을 치료하사 출산하게 하셨으니"(창 20:17)

"이르시되 너희가 너희 하나님 나 여호와의 말을 들어 순종하고 내가 보기에 의를 행하며 내 계명에 귀를 기울이며 내 모든 규례를 지키면 내가 애굽 사람에게 내린 모든 질병 중 하나도 너희에게 내리지 아니하리니 나는 너희를 치료하는 여호와임이라"(출 15:26)

"주여 사람이 사는 것이 이에 있고 내 심령의 생명도 온전히 거기에 있사오니 원하건대 나를 치료하시며 나를 살려 주옵소서"(사 38:16)

"그러나 보라 내가 이 성읍을 치료하며 고쳐 낫게 하고 평안과 진실이 풍성함을 그들에게 나타낼 것이며"(렘 33:6)

"내 이름을 경외하는 너희에게는 공의로운 해가 떠올라서 치료하는 광선을 비추리니 너희가 나가서 외양간에서 나온 송아지 같이 뛰리라"(말 4:2)

"예수께서 집에 들어가시매 맹인들이 그에게 나아오거늘 예수께서 이르시되 내가 능히

이 일 할 줄을 믿느냐 대답하되 주여 그러하오이다 하니 이에 예수께서 그들의 눈을 만지시며 이르시되 너희 믿음대로 되라 하시니"(마 9:28~29)

"엘리가 대답하여 이르되 평안히 가라 이스라엘의 하나님이 네가 기도하여 구한 것을 허락하시기를 원하노라 하니 이르되 당신의 여종이 당신께 은혜 입기를 원하나이다 하고 가서 먹고 얼굴에 다시는 근심 빛이 없더라"(삼상 1:17~18)

"곧 나병이 그 사람에게서 떠나가고 깨끗하여진지라"(막 1:42)

"사람들이 살아난 청년을 데리고 가서 적지 않게 위로를 받았더라"(행 20:12)

"네가 만일 네 입으로 예수를 주로 시인하며 또 하나님께서 그를 죽은 자 가운데서 살리신 것을 네 마음에 믿으면 구원을 받으리라"(롬 10:9)

5. 하나님의 위로가 필요할 때

"오직 나는 여호와를 우러러보며 나를 구원하시는 하나님을 바라보나니 나의 하나님이 나에게 귀를 기울이시리로다. 나의 대적이여 나로 말미암아 기뻐하지 말지어다. 나는 엎드러질지라도 일어날 것이요. 어두운 데에 앉을지라도 여호와께서 나의 빛이 되실 것임이로다"(미 7:7~8)

"여호와여 주는 나의 방패시요 나의 영광이시요 나의 머리를 드시는 자이시니이다"(시편 3:3)

"우리 사정을 알게 하고 또 너희 마음을 위로하게 하기 위하여 내가 특별히 저를 너희에게 보내었노

라"(엡 6:22)

"그리스도의 고난이 우리에게 넘친것 같이 우리의 위로도 그리스도로 말미암아 넘치는 도다"(고후 1:5)

"우리 사정을 알리고 또 너희 마음을 위로하기 위하여 내가 특별히 그를 너희에게 보내었노라"(엡 6:22)

"믿음이 없이는 하나님을 기쁘시게 하지 못하나니 하나님께 나아가는 자는 반드시 그가 계신 것과 또한 그가 자기를 찾는 자들에게 상 주시는 이심을 믿어야 할지니라"(히 11:6)
"여호와여 나의 발이 미끄러진다고 말할 때에 주의 인자하심이 나를 붙드셨사오며 내 속에 근심이 많을 때에 주의 위안이 내 영혼을 즐겁게 하시나이다"(시 94:18~19)

"지존자의 은밀한 곳에 거주하며 전능자의 그늘 아래에 사는 자여, 나는 여호와를 향하여 말하기를 그는 나의 피난처요 나의 요새요 내가 의뢰하는 하나님이라 하리니"(시 91:1~2)

"누가 우리를 그리스도의 사랑에서 끊으리요, 환난이나 곤고나 박해나 기근이나 적신이나 위험이나 칼이랴 기록된 바 우리가 종일 주를 위하여 죽임을 당하게 되며 도살당할 양 같이 여김을 받았나이다 함과 같으니라"(롬 8:35)

"여호와는 나의 목자시니 내게 부족함이 없으리로다 그가 나를 푸른 풀밭에 누이시며 쉴 만한 물 가로 인도하시는도다"(시 23:1)

6. 우울하고 슬플 때

"이 달 이 날에 유다인들이 대적에게서 벗어나서 평안함을 얻어 슬픔이 변하여 기쁨이 되고 애통이 변하여 길한 날이 되었으니 이 두 날을 지켜 잔치를 베풀고 즐기며 서로 예물을 주며 가난한 자를 구제하라 하매"(에 9:22)

"주께서 나의 슬픔이 변하여 내게 춤이 되게 하시며 나의 베옷을 벗기고 기쁨으로 띠 띠우셨나이다"(시 30:11)

"악인에게는 많은 슬픔이 있으나 여호와를 신뢰하는 자에게는 인자하심이 두르리로다"(시 32:10)

"사망의 줄이 나를 두르고 스올의 고통이 내게 이르므로 내가 환난과 슬픔을 만났을 때에 내가 여호와의 이름으로 기도하기를 여호와여 주께 구하오니 내 영혼을 건지소서 하였도다"(시 116:3, 4)

"여호와께서 너를 슬픔과 곤고와 및 네가 수고하는 고역에서 놓으시고 안식을 주시는 날에"(사 14:3)

"여호와의 속량함을 받은 자들이 돌아오되 노래하며 시온에 이르러 그들의 머리 위에 영영한 희락을 띠고 기쁨과 즐거움을 얻으리니 슬픔과 탄식이 사라지리로다"(사 35:10)
"그는 실로 우리의 질고를 지고 우리의 슬픔을 당하였거늘 우리는 생각하기를 그는 징벌을 받아 하나님께 맞으며 고난을 당한다 하였노라"(사 53:4)

"다시는 네 해가 지지 아니하며 네 달이 물러가지 아니할 것은 여호와가 네 영원한 빛이 되고 네 슬픔의 날이 끝날 것임이라"(사 60:20)

"무릇 시온에서 슬퍼하는 자에게 화관을 주어 그 재를 대신하며 기쁨의 기름으로 그 슬픔을 대신하며 찬송의 옷으로 그 근심을 대신하시고 그들이 의의 나무 곧 여호와께서 심으신 그 영광을 나타낼 자라 일컬음을 받게 하려 하심이라"(사 61:3)

"그 때에 처녀는 춤추며 즐거워하겠고 청년과 노인은 함께 즐거워하리니 내가 그들의 슬픔을 돌려서 즐겁게 하며 그들을 위로하여 그들의 근심으로부터 기쁨을 얻게 할 것임이라"(렘 31:13)

7. 마음이 불안할 때

"내가 피곤하고 심히 상하였으매 마음이 불안하여 신음하나이다…여호와여 나를 버리지 마소서 나의 하나님이여 나를 멀리하지 마소서. 속히 나를 도우소서 주 나의 구원이시여"(시 38:8, 21,22)

"내 영혼아 네가 어찌하여 낙심하며 어찌하여 내 속에서 불안해 하는가 너는 하나님께 소망을 두라 그가 나타나 도우심으로 말미암아 내가 여전히 찬송하리로다"(시 42:5)

"내가 하나님을 기억하고 불안하여 근심하니 내 심령이 상하도다…곧 여호와의 일들을 기억하며 주께서 옛적에 행하신 기이한 일을 기억하리이다"(시 77:3, 11)
"그들의 구원자는 강하니 그의 이름은 만군의 여호와라 반드시 그들 때문에 싸우시리니 그 땅에 평안함을 주고 바벨론 주민은 불안하게 하리라"(렘 50:34)

"그 제사장이 그들에게 이르되 평안히 가라 너희가 가는 길은 여호와 앞에 있느니라 하니라"(삿 18:6)

"엘리가 대답하여 이르되 평안히 가라 이스라엘의 하나님이 네가 기도하여 구한 것을 허락하시기를 원하노라 하니"(삼상 1:17)

"여호와께서 주위의 모든 원수를 무찌르사 왕으로 궁에 평안히 살게 하신 때에"(삼하 7:1)
"내 날은 적지 아니하나이까 그런즉 그치시고 나를 버려두사 잠시나마 평안하게 하시되"(욥 10:20)

"내가 평안히 눕고 자기도 하리니 나를 안전히 살게 하시는 이는 오직 여호와이시니이다"(시 4:8)

"내 영혼아 네 평안함으로 돌아갈지어다 여호와께서 너를 후대하심이로다"(시 116:7)

"네 성안에는 평안이 있고 네 궁중에는 형통함이 있을지어다"(시 122:7)

"네 경내를 평안하게 하시고 아름다운 밀로 너를 배불리시며"(시 147:14)

"주께서 심지가 견고한 자를 평강하고 평강하도록 지키시리니 이는 그가 주를 신뢰함이니이다"(사 26:3)

"두려워하지 말라 내가 너와 함께 함이라 놀라지 말라 나는 네 하나님이 됨이라 내가 너를 굳세게 하리라 참으로 너를 도와 주리라 참으로 나의 의로운 오른손으로 너를 붙들리라"(사 41:10)

8. 아이의 장래가 불안할 때

"네 길을 여호와께 맡기라 그를 의지하면 그가 이루시고"(시 37;5)

"네 짐을 여호와께 맡기라 그가 너를 붙드시고 의인의 요동함을 영원히 허락하지 아니하시리로다"(시 55;22)
"너의 행사를 여호와께 맡기라 그리하면 네가 경영하는 것이 이루어지리라"(잠 16;3)

"너희 염려를 다 주께 맡기라 이는 그가 너희를 돌보심이라"(벧전 5:7)

"보라 네가 임신하여 아들을 낳으리니 그의 머리 위에 삭도를 대지 말라 이 아이는 태에서 나옴으로부터 하나님께 바쳐진 나실인이 됨이라 그가 블레셋 사람의 손에서 이스라엘을 구원하기 시작하리라 하시니"(삿 13:5)
"이 아이를 위하여 내가 기도하였더니 내가 구하여 기도한 바를 여호와께서 내게 허락하신지라"(삼상 1;27)

"그는 목자 같이 양 떼를 먹이시며 어린양을 그 팔로 모아 품에 안으시며 젖먹이는 암컷들을 온순히 인도하시리로다"(사 40:11)

"온갖 좋은 은사와 온전한 선물이 다 위로부터 빛들의 아버지께로서 내려오나니 그는 변함도 없으시고 회전하는 그림자도 없으시니라"(약 1:17)

"여호와는 나의 빛이요 나의 구원이시니 내가 누구를 두려워하리오 여호와는 내 생명의 능력이시니 내가 누구를 무서워하리오"(시 27:1)

"너는 마음을 다하여 여호와를 신뢰하고 네 명철을 의지하지 말라 너는 범사에 그를 인정하라 그리하면 네 길을 지도하시리라 스스로 지혜롭게 여기지 말지어다. 여호와를 경외하며 악을 떠날지어다"(잠 3:5~7)

"평안을 너희에게 끼치노니 곧 나의 평안을 너희에게 주노라 내가 너희에게 주는 것은 세상이 주는 것과 같지 아니하니라 너희는 마음에 근심하지도 말고 두려워하지도 말라"(요 14:27)

"사람이 마음으로 자기의 길을 계획할지라도 그 걸음을 인도하시는 이는 여호와시니라"(잠16:9)

"너는 범사에 그를 인정하라 그리하면 네 길을 지도하시리라"(잠 3:6)

"여호와 그가 네 앞에서 가시며 너와 함께 하사 너를 떠나지 아니하시며 버리지 아니하시리니 너는 두려워 말라 놀라지 말라"(신 31:8)

9. 경제적인 어려움으로 힘들 때

"내가 여호와의 명령을 전하노라 여호와께서 내게 이르시되 너는 내 아들이라 오늘 내가 너를 낳았도다. 내게 구하라 내가 이방 나라를 네 유업으로 주리니 네 소유가 땅 끝까지 이르리로다"(시 2:7~8)

"여호와여 나의 말에 귀를 기울이사 나의 심정을 헤아려 주소서. 나의 왕, 나의 하나님이여 내가 부르짖는 소리를 들으소서 내가 주께 기도하나이다. 여호와여 아침에 주께서 나의 소리를 들으시리니 아침에 내가 주께 기도하고 바라리이다"(시 5:1~3)

"여호와께서 우리를 생각하사 복을 주시되 이스라엘 집에도 복을 주시고 아론의 집에도 복을 주시며 높은 사람이나 낮은 사람을 막론하고 여호와를 경외하는 자들에게 복을 주시리로다. 여호와께서 너희를 곧 너희와 너희의 자손을 더욱 번창하게 하시기를 원하노라. 너희는 천지를 지으신 여호와께 복을 받는 자로다"(시 115:12~15)

"하나님이여 나를 살피사 내 마음을 아시며 나를 시험하사 내 뜻을 아옵소서. 내게 무슨 악한 행위가 있나 보시고 나를 영원한 길로 인도하소서"(시 139:23~24)

"구하라 그리하면 너희에게 주실 것이요 찾으라 그러면 찾아낼 것이요 문을 두드리라 그리하면 너희에게 열릴 것이니"(마 7:7)

"사람이 감당할 시험 밖에는 너희가 당한 것이 없나니 오직 하나님은 미쁘사 너희가 감당하지 못할 시험 당함을 허락하지 아니하시고 시험 당할 즈음에 또한 피할 길을 내사 너희로 능히 감당하게 하시느니라"(고전 10:13)

"주께서 이미 나의 음성을 들으셨사오니 이제 나의 탄식과 부르짖음에 주의 귀를 가리지 마옵소서"(애 3:56)

"하나님의 도는 완전하고 여호와의 말씀은 진실하니 그는 자기에게 피하는 모든 자에게 방패시로다. 여호와 외에 누가 하나님이며 우리 하나님 외에 누가 반석이냐 하나님은 나의 견고한 요새시며 나를 안전한 곳으로 인도하시며"(삼하 22:31, 32, 33)

"여호와여 주의 이름을 아는 자는 주를 의지하오리니 이는 주를 찾는 자들을 버리지 아니하심이니이다"(시 9:10)

"아무 것도 염려하지 말고 다만 모든 일에 기도와 간구로, 너희 구할 것을 감사함으로 하나님께 아뢰라 그리하면 모든 지각에 뛰어난 하나님의 평강이 그리스도 예수 안에서 너

희 마음과 생각을 지키시리라"(빌 4:6~7)

"우리가 알거니와 하나님을 사랑하는 자, 곧 그의 뜻대로 부르심을 입은 자들에게는 모든 것이 합력하여 선을 이루느니라"(롬 8:28)